半部論語創王品
邁向大品牌～王品集團

創辦人／ 戴勝益 Steve

▶▶ **主要學歷**
台灣大學中文系

▶▶ **主要經歷**
益品書屋創辦人
王品集團創辦人、第一任董事長
三勝製帽副總經理

▶▶ **座右銘**
企業的規模，取決於領導人的能力；
企業之長久，取決於領導人的品德。

▶▶ **送給兩岸學生的一句話**
演戲可以彩排，人生不能重來。

▶▶ **人生最想去完成的一件事**
讓兩岸從事餐飲的人，都能夠抬頭挺胸，
讓人家尊敬！

關於王品・
關於戴勝益

一位很好的朋友——關山晴，初識時他直嚷嚷：「王老師跟年輕的我很像！」這個說法讓相差 10 歲的我很難接話，特別是當時他早已童山濯濯。像或不像到現在仍無定論，不過呢，我們倒是在 2011 年一起挑戰了宜蘭梅花湖的鐵人三項全程賽，真是把我們給累壞了。這個賽事他下了個莞爾的註解：「好好的人不當，來當什麼鐵人！」

好友喜歡介紹自己叫「小山」，業界資歷相當顯赫，曾在麥當勞、德克士炸雞、大成、元祖等企業擔任高階主管及總經理。他在四十多歲時做了人生重要的職場轉換——應徵王品集團，當時王品規模尚小，只有 11 家店。跌破所有人眼鏡，王品集團戴勝益創辦人給他的第一份工作竟是在王品牛排台北和平東店當服務生、端盤子，這對曾經坐擁黑頭車、有司機、擔任過兩家企業總經理的小山來說，是人生一個非常刻骨銘心又艱難的挑戰。

他承擔了這份挑戰，而這個挑戰的背後也是王品集團給他的考驗，更是戴勝益創辦人一種帶領員工、形塑企業文化的獨特領導風格。

好友小山終究通過了這個考驗，也在王品集團深耕發展，最後擔任要職。幾年後，也真沒想到，王品集團特別的員工分紅制度，竟讓他在人生五十來歲時順利地從職場裸退，羨煞不少人。現在小山最大的目標是人生能夠跑完 100 場馬拉松，目前是 26 場。

而我個人跟戴勝益創辦人第一次接觸是在師大休旅所，所上邀請他到校演講。演講前在貴賓室裡，閒談中當我跟他提及：我也跟他有同樣的運動習慣時，他竟輕身躍起、冷不防地過來把我西裝外套掀開，我嚇了一跳，原來他是想要看我身上有沒有帶著跟他一樣的「計步器」。每天要走 1 萬步，隨身帶著計步器，王品集團的主管都有這樣的習慣。許多習慣養成並不易，但王品卻是一個有很多好習慣的公司。

我們在專訪時，戴勝益創辦人一再強調：「一個好的企業文化可以讓公司有保障 20 年。」好習慣是好的企業文化基礎，在王品，這個習慣見諸於員工身上、見諸於管理制度設計與要求。

王品集團真是一家有趣又努力的公司，它的發展、策略、人才訓練、國際之路，都是精彩故事，讓我們一起向這家標竿企業學習！

半部論語
創王品

邁向大品牌～王品集團[*]

在台灣師大不同學制的課堂上，只要討論到：「王品集團是否有可能在 2030 年在全球開到 10,000 家店，你的看法為何？」問題一出，教室裡馬上一陣騷動，同學們都躍躍欲試，沒有所謂冷場、滑手機、啃雞腿便當的問題。

我通常都是用 Two-column Method 方式 [1,2]（Yes or No）引導學生進行這一題的討論與投票，強迫他們選邊。那麼，學生的最終看法會是如何？

▲ 在西餐的努力，是王品發展成為大品牌的重要基石

約莫六成的學生答案是 No（不可能），三成的學生選 Yes（可能），那還有一成的學生跑去哪裡了？這一成不太受控制又有想法的學生，答案是：「1,000 家可能；老師，10,000 家不可能啦！」（通常這一成的學生語氣都還特別地堅定。）

不管是 1,000 家或者 10,000 家，這都將會創下台灣餐旅史上的紀錄，而這偉大目標的背後是王品集團領導者的巧心、智慧，以及許多的努力與堅持。

---

* 本個案係由台灣師範大學運動休閒與餐旅管理研究所**王國欽**老師、輔仁大學餐旅管理學系暨研究所**駱香妃**老師、國立屏東大學休閒事業經營學系暨研究所**陳玟妤**老師與欣聯航國際旅行社（雄獅集團關係企業）總經理**陳瑞倫**博士共同撰寫，其目的在作為兩岸學子課堂討論之基礎，而非指陳個案公司事業經營之良窳。個案內容參考公司實務，並經編撰以提升教學效果。本個案之著作權為王國欽所有，出版權歸屬心理出版社股份有限公司。

歷史發展

　　戴勝益創辦人在家族企業三勝製帽擔任副總經理多年（三勝製帽曾是台灣最大的帽子工廠），在家族企業裡受到非常好的保障。想走出家族企業到外面闖闖，是他一直有的念頭，但始終跨不出去。直到戴勝益創辦人讀到詩人洛夫[3]的一句話：

　　「如果你迷戀厚實的屋頂，你就會失去浩瀚的繁星。」

　　1988 年時值 39 歲的戴勝益，終於鼓足勇氣離家自行創業。一開始往遊樂事業切入，1990 年 12 月在高雄大樹創立台灣第一座可以騎鴕鳥的ㄅㄧㄅㄧ樂園，幸運地賺得第一桶金後，很快地又在台南新化投資了呼啦樂園（1991）、在台南關廟成立阿拉丁樂園（1991），以及在南投草屯成立嘟嘟樂園（1992）。

　　但不久後，遊樂園經營的宿命──回遊率不高問題，很快就浮現出來，這些樂園最終以賠錢收場。此時經營已見負債的戴勝益創辦人仍想靠著借貸、以創業養創業方式，繼續一搏。後來又陸續創立了高雄的全國牛排館（1993）、高雄的外蒙古全羊大餐（1995）、台中的金氏世界紀錄博物館（1996）、台中的一品肉粽（1997）、A+數學（2004）等，最終全因無法規模化發展而一一收掉。

　　至此，戴勝益創辦人創業已失敗九次，個人負債 1.6 億。面對人生最沉重的壓力與負擔，當時戴勝益創辦人感覺到：

　　「我真的是走投無路了，每天我最快樂

的時候是 3 點 31 分（台灣的銀行 3 點 30 分關門）。因為那時候台灣的票據法是有刑事責任的，就是如果說這張票你開出去沒有兌現，政府是會把你當作詐欺，就是會抓去關。所以那個時候每天三點半以前，我都非常痛苦。」

　　直到 1992 年，他因緣際會地嚐到前台塑集團董事長王永慶[4]先生用來招待貴賓的牛排，驚為天人。於是在 1993 年，在台中市的文心路開了第一家「王品牛排」，以「一頭牛只供應六客牛排」作為號召，一戰成名，不但讓他還清了 1.6 億的龐大債務，也奠定了王品成為台灣最大餐飲集團的基礎。

　　截至 2021 年 3 月底，王品集團旗下共擁有兩岸 32 個品牌。從 1993 年在台中市創立「王品牛排」開始，到 2001 年成立「西堤」（TASTY），兩個品牌之創建相隔多年。除了考量到台灣是淺碟經濟[5]、「王品牛排」的高單價特性、市場的容納量有限，更重要的是戴勝益創辦人也感受到，企業如果不往「多品牌」發展，遲早會面臨「人才反淘汰」[6]，亦即「人才變多，企業若沒有提供舞台，好人才如果有更好的機會，反而會離開公司」。

▲ 王品牛排，塑造尊貴形象，屬於王品集團高價西餐第一品牌

▲ 西堤品牌個性是熱情洋溢，為王品集團中價位西餐市場打下一片江山

戴勝益創辦人因而在 2001 年提出「醒獅團計畫」，充分授權，讓員工去創造品牌。「醒獅團計畫」最先從「西堤」開始，由當時的副董事長陳正輝（現為王品集團董事長）創立；2001 年 8 月時任總經理李森斌（現為王品台灣事業群副董事長）在美國洛杉磯的比佛利山莊創立「PB 牛排館」（Porterhouse Bistro）（已於 2006 年結束營業）；2002 年時任總經理王國雄創立了「陶板屋」；2003 年陳正輝轉進大陸為「王品牛排」布局，李森斌隨後返台接掌「西堤」。這三位是王品的第一代獅王，也是因為他們的投入，開啟王品朝多品牌發展的新契機。

2004 年，王品集團進入第二代獅王的布局階段，品牌成長加速。2004 年成立「原燒」和「聚」，2005 年成立「藝奇」和「夏慕尼」。2007 年首度進入平價市場，成立「品田牧場」，2009 年成立「石二鍋」，2010 年成立「舒果」（於 2018 年底全面在台灣結束營業），2011 年跨足咖啡輕食市場成立「曼咖啡」（於 2015 年結

束營業），2013 年成立「hot7」新鐵板料理，2014 年成立「ita 義塔」（於 2019 年結束營業），2015 年成立新加坡料理「PUTIEN 莆田」，2017 年成立「CooKBEEF 酷必」、「麻佬大」與「乍牛」（三者皆於 2019 年結束營業），2018 年成立「Su/food」、「沐越」、「青花驕」、「享鴨」、「12MINI」與「萬鮮」（此屬於王品集團的線上購物品牌，消費者可以在此買到全品牌的相關禮盒商品），2019 年成立「丰禾台式小館」、「樂越」、「THE WANG」，2020 年成立「和牛涮」、「薈麵點」、「町食就是定食」，2021 年成立「肉次方」，目前在台灣共計有 23 個餐飲品牌。

在大陸的首店「王品牛排」2003 年於上海成立（上海仙霞店），2004 年也在上海開設「陶板屋」，但不久之後因評估「陶板屋」難以大規模直營連鎖，加上大陸人的反日情結等因素，不久即結束營業改成「西堤」。「西堤牛排」於 2005 年在上海設店，而「石二鍋」也於 2013 年落腳上海，同年並在上海開設「LAMU 慕」（於 2017 年結束營業）及「花隱」兩個新品牌。2015 年開始再次嘗試進入中餐市場，在上海開設首家以港式料理單點為主軸的「鵝夫人」（港式點心與燒臘），此品牌在 2017 年、2018 年和 2019 年連續三年榮獲《上海米其林指南》一星殊榮，但可惜在 2020 年並未繼續獲得此榮耀。

王品集團從 2016 年起，在對岸的經營方向主要針對 90 後年輕族群，設計出相較於粵菜普遍性更廣、口味更重的川菜料理，取名為「GUN8 辣椒（滾吧辣椒）」，2016 年 11 月底在上海閔行區莘庄開出第一間門

店。然而此品牌名稱太年輕時尚，也太「潮」了，無法讓顧客一目瞭然地知道品牌主打菜色，故 2017 年將「GUN8 辣椒」更名為「蜀三味」，重新定位後的發展仍不如預期，已於 2019 年結束營業。而 2018 年在上海推出日本料理品牌「舞漁」和「北島鮨鮮」，強調食材產地新鮮直送，即撈即食；2018 年同時成立川菜料理「就是川」，打造出全新川式居酒屋的概念，將川菜跟小酒館做結合（於 2019 年結束營業）。

2019 年則又推出江戶風味之日式料理「海狸家」，以日本長崎的藍鰭金鎗魚作為主推菜品，壽司米只選用當年的越光米，盡可能為顧客帶來日本新鮮道地的美味。同年，新品牌「鵲玥」在上海徐家匯太平洋百貨開出首店，是一家以老廣乳鴿和鵲玥大蝦餃為主打的粵菜點心店。而另一個新品牌「海野家」，則以日式居酒屋型態登場，主打柚子胡椒風味的日本九州風味料理（於 2020 年結束營業）。

此外，頂級特色牛排「THE WANG」2019 年在上海外灘盛大開幕，一客牛排 1,488 元人民幣，主打重量 1,000 公克的丁骨牛排，一客可以兩人共同享用。王品集團希望藉著高檔澎湃的牛排，以及高品質「管家式服務」的服務人員，切入大陸高端餐飲消費市場，並寄予厚望，希望「THE WANG」能成為大陸除了王品牛排之外，另一個西餐市場的領導品牌。2021 年上半年則一口氣成立三個新品牌，以四川清油麻辣火鍋為特色的「西川霸牛」、主打吃到飽的和牛火鍋品牌「万利丰和牛涮」、主打古法秘傳海南雞的粵菜品牌「金鳳來儀」。上述多個新品牌的誕生，皆為王品集團在大陸市場的發展帶來新的動能與契機。

◉ 早期品牌失敗經驗

王品集團曾於 2006 年嘗試進入大陸火鍋市場，當時是以「豐滑火鍋」品牌問市，人均價約為 80 元人民幣。第一家店開在蘇州（獅山店），並同時在北京、上海、深圳開設六家店，以個人小火鍋、數十種沾醬，還有餐後的紅豆牛奶冰打響知名度。餐廳初期表現相當成功，但最後卻全部關掉或賣掉收攤。關於這一次慘痛的教訓，時任王品大陸事業群執行長李森斌表示：

「當時豐滑火鍋在很多不同的城市展店，戰線拉長不是失敗的主因，因為王品牛排戰線也很長；主要原因是當時想要多開店，改了價格，從人民幣 80 元調整為 50 元，這往下調的決定成為關鍵，模糊了整個品牌定位……」

基於此慘痛經驗，王品集團在多年之後，避開在大陸最激烈的中價位市場，而以高價的鐵板燒品牌「LAMU 慕」與懷石料理「花隱」，以及平價的「石二鍋」重新在大陸邁開步伐。

除了台灣與大陸市場，海外跨國經營一直是王品集團發展的重要成長動能與嘗試。然而 2001 年在美國創立的「PB 牛排館」是一次慘痛的經驗，讓王品損失將近一億元新台幣。

當時 PB 將目標客群鎖定在 30 到 50 歲的高消費族群，以大塊、美味的「Porterhouse Steak」[7]（上等腰肉牛排）作為主力商品，並使用套餐方式提高菜單豐富度。再加上客單價僅 30 美元左右，和當地動輒上百美元的西餐廳比較，更顯得物超所值。但是，美

國勞工、消防相關法規嚴苛,加以除了台灣派去的總經理外,所有內外場員工都是聘用白人,導致營運成本高得嚇人。所以雖然生意不差,但多年下來竟造成高達新台幣一億元的虧損,使得一直等待能夠轉虧為盈的王品集團終究在 2006 年賣掉 PB。

記取美國的經驗,相隔四年,2010 年王品集團再次進入國際市場,宣布與泰國餐飲集團 OISHI 簽約,以品牌授權(陶板屋)方式進軍國際。OISHI 集團是由泰國餐飲業教父帕薩納堤(Tan Pasakornnatee)[8] 所創辦,創新經營的企業文化與王品集團相似,經過長時間的試探和觀察,雙方終於決定攜手合作,帕薩納堤並另成立 Mai Tan 企業,專心經營泰國「陶板屋」。

「陶板屋」是王品第一個授權合作品牌,集團賦予相當大期待,希望能為王品集團在東南亞打下知名度。唯發展不如預期,主要原因在於與泰國合作,王品集團只負責技術轉移、收取權利金,並沒有出資,因此難以直接干涉經營,故最終泰國陶板屋亦結束跨國合作關係。

◉ 品牌輸出的策略調整

經過「陶板屋」在泰國的失敗經驗,王品再次調整國際合作策略,希望改以授權合資的方式進入國際市場,先在各地尋找適合的合作夥伴,再以合資持股的模式擴展。戴勝益創辦人認為授權加上合資方式,相較於單純之品牌授權,除了能發揮合作方的在地優勢外,也可強化王品對海外事業的投入及分享獲利。

而依此調整後的模式跨足海外的品牌則

定調為「石二鍋」,鎖定大陸市場——其為全球最大的火鍋市場,百家爭鳴。2012 年王品集團決定與菲律賓餐飲集團龍頭快樂蜂(Jollibee)[9] 合資成立 WJ 公司,採合資直營「石二鍋」方式進入大陸市場。快樂蜂集團在全球擁有超過 4,600 家分店,其中大陸是快樂蜂集團布局最多的國家,因此王品欲借助快樂蜂的 Know-how[10],利用「石二鍋」品牌之平價策略,來力拚大陸餐飲百強企業中的「海底撈」[11]、「小肥羊」[12] 等連鎖餐飲火鍋業。

大陸「石二鍋」由王品及快樂蜂各持有48% 股權,以上海為主要發展起點,前後一共開設 16 家分店。有別於台灣「石二鍋」,大陸「石二鍋」提供更多樣的單點以及套餐選擇,均價在 50 至 60 元人民幣。

繼「石二鍋」後,王品集團進軍海外的是「舒果」。2013 年王品選擇與新加坡莆田集團(PUTIEN Restaurant Pte Ltd.)[13] 合作,簽下 15 年長約,在新加坡合資成立「舒果新加坡公司」(Sufood Singapore Pte Ltd.)。同時參照國際標準的品牌授權模式

▲ 王品寄予厚望的石二鍋,希望在大陸競爭激烈的火鍋市場出頭

與條件，將「舒果」品牌授權予合資公司。新設公司資本額 5,000 萬元新台幣，王品集團持股三成。

2014 年 5 月，第一家「舒果」在新加坡 Raffles City Shopping Centre 開設，每份套餐為 29.80 新幣（折合新台幣約 660 元）（www.sufood.com.sg），雖然比台灣「舒果」套餐定價高，但這在當地來說是中價位的下緣，以開發新加坡 25 至 35 歲女性族群市場為目標。

2014 年 9 月，王品集團與全美擁有 1,800 多家連鎖門市據點、素有「中餐麥當勞」之稱的熊貓速食集團（Panda Restaurant Group）[14]正式簽訂品牌授權合約與合資合約，並於 2016 年 10 月以「原燒」進軍美國市場；雙方初步以總資本額 150 萬美元在美國成立「YAKIYAN USA」公司，合資比例為王品 25%、熊貓 75%，雙方各釋出 5% 給未來在新公司任職的經營幹部入股。「原燒」也成為繼「陶板屋」進軍泰國、「舒果」進入新加坡之後，王品集團旗下第三個國際化品牌。

王品與熊貓速食集團的合作，前後談了近兩年，為表尊重，最早是由熊貓速食集團自由選擇王品旗下品牌進軍美國市場。當時熊貓速食最初屬意的品牌包括：「hot7」、「舒果」、「石二鍋」與「原燒」，惟因「hot7」品牌成立時間不長、店數不多，「舒果」又進軍新加坡，怕人力資源無法支援，加上燒肉屬於東、西方消費者皆能接受的餐飲文化，且當時美國燒肉市場有如台灣十多年前的情況，缺乏精緻且兼具質感的燒肉品牌，因此最後熊貓選擇「原燒」作為雙方合作的第一個品牌。

美國「原燒」將客群鎖定在熱愛聚餐和分享，且重視品質與優質服務的年輕客群，以及家庭聚餐為主，客單價設定在 25 至 30 美元之間。「原燒」在維持既有的套餐概念下，因地制宜地減少套餐道數，並提升單點酒水、飲料比重，以符合當地飲食文化。

王品集團戴勝益創辦人曾說：

「2013 年與 2014 年，對王品集團意義非凡，我們成功授權到東南亞及美國兩個最重要的國家。未來將持續深耕海外市場，讓全球消費者都有機會在王品集團旗下餐廳暢享美食。」

經過一番調整與努力，王品集團品牌國際化後之發展仍不如預期順利，上述三個品牌最終皆未能開花結果。大陸個人火鍋市場，已被稱為中國火鍋第一股的呷哺呷哺[15]占據，其擁有 50% 以上的市占率，使得「石二鍋」難有發展空間，於 2017 年 10 月底已全面撤出大陸市場（黃冠穎，2017）[16]。同年 2017 年 6 月出售新加坡「舒果」，2018 年 12 月則出售美國「原燒」。自此，國際化之發展告一段落，將重心回歸到兩岸之經營。

◉ 進入中餐市場

經過縝密的規劃籌備，王品正式揮軍中式餐飲市場，旗下第一個中式餐飲品牌「鵝夫人」，於 2015 年 9 月在上海閔行區莘庄鎮正式開幕。這不僅是王品首次揮軍挺進中餐市場，也是王品旗下第一個「非套餐」品牌，更是王品首次任用非集團栽培且跨業態的主廚負責開發新事業。「鵝夫人」的平均客單價設定在 90 至 95 元人民幣之間，菜單

鵝夫人
Madam Goose

专注
烧鹅
料理

鵝夫人上海莘庄店荣获
【 米其林一星餐厅 】

客诉意见回馈专线：400-921-0196
E-mail:400921019@wowprime.com.cn

▲ 王品成功進入中餐，鵝夫人獲米其林一星殊榮，
打響名號

以港式燒臘和港式點心為主，並且有兩位主廚，李球負責燒臘，唐桂海負責點心。其明星商品以港式燒鵝為主，每隻殺好後淨重約 6 斤半（約 3,250 公克左右），再經過醃漬、撐膛、燙皮、風乾與燒烤等工序製作，非常繁複。時任王品大陸事業群執行長李森斌表示，也就是因為製作燒鵝、叉燒與港點有一定門檻功夫，「鵝夫人」才能與競爭市場形成區隔與差異。

為了籌備新品牌，時任王品大陸事業群執行長李森斌與新品牌內外場幹部多次赴香港考察港九著名的餐廳與燒臘名店，其中包括三星餐廳「四季酒店－龍景軒」、二星餐廳「明閣」，以及以燒鵝著稱的一星餐廳「一樂燒鵝」等，希望透過觀摩考察，將商品與呈盤做到更好。

繼大陸事業群之後，王品台灣事業群亦積極籌備創立中式餐飲品牌，惟，與大陸地區不同的是，王品台灣事業群是以「合資＋授權代理」模式自國外引進中式餐飲品牌。王品集團自新加坡引進的「PUTIEN 莆田」於 2015 年進駐台北 ATT 4 FUN 賣場 6 樓，地點就在大陸火鍋名店「海底撈」與知名自助餐廳「饗食天堂」中間。「PUTIEN 莆田」裝潢風格結合東南亞南洋元素與後現代輕工業風，並以淡藍色的海洋色系為基調，營造時尚中菜餐廳氛圍。餐廳內有方桌圓桌，除開放式用餐區外並有包廂，共可接待約 130 位客人同時用餐，於 2015 年元旦正式開幕。

新加坡「莆田」餐廳最早是主攻福州菜系菜餚，隨著規模逐漸擴大，菜單菜式也遍及中餐各大菜系的熱門菜。而「莆田」的菜不走「艷光四射」路線，呈盤也沒有過多矯飾，但都是很開胃、實吃且下飯的家常美味。不過，有鑑於台灣至今沒有供應完整星洲美味的餐廳，故在菜單上加入各國遊客赴星必嚐的「新加坡 10 大國菜」，以及王品廚藝團隊針對國人口味研發設計的中式家常美食，再與「莆田」經典菜色共構菜單，使台灣「PUTIEN 莆田」的菜單陣容更豐富、多樣。目前菜單上的菜餚約有 60 道，設定平均客單價在新台幣 600 元至 700 元間。

「PUTIEN 莆田」是王品集團創建至今，第一個非自創、由國外代理引進的餐飲品牌。對於王品集團而言，創業以來在台灣旗下品牌，以西餐、日本料理為主，但台灣餐飲最大市場仍是中餐，對王品是塊處女地，因此將「莆田」及「中餐」視為下一波成長動能；但由於過去的中餐經驗有限，若要自創品牌，需投入更多時間，因此當時選

擇直接引進曾獲得《港澳米其林指南》推薦的「莆田」。而發展至 2021 年，莆田在台灣現有五家店之規模。

擁有營運中餐品牌的經驗後，在近五年中，王品陸續在兩岸創立全新的中餐品牌。大陸事業群於 2016 年創立川菜品牌「GUN8 辣椒（滾吧辣椒）」，品牌風格年輕時尚，主打 90 後的客群，然而許多客人單看品牌無法了解「GUN8 辣椒」提供何種料理，因此 2017 年將「GUN8 辣椒」更名為「蜀三味」，期許此品牌「走回川菜經典路線」（姚舜，2017）[17]。

2018 年又成立另一川菜品牌「就是川」，打造出全新的川式居酒屋概念，將川菜跟小酒館做結合，打破傳統川菜的大份概念，改為小量多份的精緻菜色，搭配口感豐富的花酒、果酒，讓顧客體驗川菜的百變風味。然而，上述兩個川菜品牌在營運上仍遇困境與挑戰，故皆於 2019 年結束營業。

2019 年「鵲玥」在上海徐家匯太平洋百貨開出首店，是一家彙集各類經典廣式點心、粵菜、甜品的粵菜點心店。以老廣乳鴿和鵲玥大蝦餃為主打，也提供濃蝦湯泡飯、鮑汁燜鳳爪、金銀蒜粉絲蒸竹蟶等經典粵菜，至 2021 年 3 月，已有六家分店之規模。

2021 年則推出粵菜品牌「金鳳來儀」，主打古法秘傳的海南雞，雞肉料理方式堅持三步浸雞法（浸雞湯、浸冰水和浸滷水），使雞肉的肉質滑嫩、外皮彈牙、香味濃郁。除了招牌的海南雞，「金鳳來儀」也彙集了經典粵菜、海鮮料理等，吸引饕客一同分享美味。

台灣事業群方面，2018 年成立「享鴨」，主打烤鴨百變吃法及中華料理，跳脫傳統一鴨三吃的思維。除了單點之外，也推出雙人、四人、六人、八人、十人套餐，份量設計適合少人及多人聚餐。並以台灣在地食材表現中華料理，「招牌片皮烤鴨」堅持

▲引入莆田為標竿，為王品切入中餐連鎖奠下基礎

選用花東縱谷放養的櫻桃鴨，以八種中華香料襯托鴨肉食材本味，並以低溫 24 小時風乾，烤出鬆化酥香鴨皮。藉由「真食材、真功夫、真心意」傳遞中華料理之美味。

2019 年成立「丰禾台式小館」，主打台菜創新呈現，提供雙人、四人、六人桌菜套餐，也提供單點品項，讓三五好友共享大菜小做、小吃升級的經典菜。同時秉持愛物惜食、善用農作物，並講究台灣烹調手法，製作出台灣南北地方菜、辦桌菜、酒家菜，讓人重溫記憶中的家鄉味。

2020 年成立「薈麵點」，為平價中式麵食品牌，價位在 150 元以下。用簡單為料理原則，傳遞平凡但不簡單的飲食文化，提供各式水餃、麵食、滷味小菜。在文青風格的用餐環境中，融入復古壓花玻璃素材，不僅延續中式麵食的傳統好滋味，更賦予新的靈魂與新意。

由上述可看見王品集團持續在中餐市場突破與創新，為消費者提供多樣態的中式餐飲服務。

營業現況

戴勝益創辦人於 1997 年訂定王品集團「誠實、群力、創新、滿意」四大經營理念，並帶領員工以「客觀化的定位，差異化的優越性，焦點深耕」17 字箴言不斷地擴張事業版圖，穩坐台灣餐飲業龍頭。整個集團的營運發展，自創業以來表現亮眼。2015 年 7 月戴勝益創辦人提前退休並且辭去了王品集團董事長一職，由副董事長兼總經理的陳正輝擔任董事長一職。

2015 年陳正輝接任董事長，提出「十年計畫」，以每年成長 10%為目標，要與王品同仁一起打拚「重返榮耀」。「十年計畫」期許王品能以各種不同菜系或餐飲業態提高市占。陳正輝為目前王品既有餐飲品牌訂出「最適規模」，並且以「創新品牌」取代「拚命為既有品牌拓點展店」的思維，擴大集團經營規模。

王品集團從 1993 年成立時營收僅 7 億新台幣，2002 年超過 10 億營業額的中小企業天險[18]，2010 年突破 50 億新台幣大關，2012 年則首次突破百億達 123 億、2014 年 169 億、2015 年則下降為 167 億。2013 年起遭逢台灣嚴重之食安風暴牽連，致王品集團 2014 年每股盈餘 EPS 從前一年的 13.64 元下滑至 9.14 元，2015 年再跌至 0.45 元。

而 2015 年是王品集團改朝換代的重要分水嶺，許多新的政策與品牌經營模式，皆有重大的創新與改變。根據王品集團 2015 年財報（參見第15頁表），合併營收為 167 億元，年減 0.78%，毛利率 49.06%、營益率 4.25%，低於 2014 年的 51%、5.25%。主要影響來自台灣品牌展店商圈移轉與店數整併，並結束「曼咖啡」此品牌的營運，整個集團合計收掉 35 家店，並一次性認列損失將近 3 億元。因此，集團稅後淨利僅 0.35 億元，較 2014 年的 7.03 億大減 95%，每股盈餘 0.45 元，較 2014 年 9.14 元驟降許多，創 2012 年掛牌以來新低。

而從 2016 年整年度的財報觀察（Q1／EPS＝1.07；Q2／EPS＝1.08；Q3／EPS＝1.54；Q4／EPS＝0.51），台灣事業群營收及獲利已轉趨穩定。相較於台灣，2012 至 2015 年大陸事業群受益於展店與新品牌穩

健發展，該期間營收年成長率皆維持在20% 以上，2015 年大陸營收年增加近23%，達新台幣 65 億元；但 2016 年起，大陸事業群展店速度趨緩，2016 年營收年成長率僅有 3.85%，全年營收為 67 億元。

直至 2018 年，年度營收開始回升，受惠於店數增加，加上聚焦新品牌發展、多品牌持續優化，以及增長品牌加速展店等因素，2018 年度合併營收達 162.6 億元，年增 2.79%，終結連三年下滑。台灣事業群全年營業額 93.4 億元，年增 4.29%；大陸事業群全年營收 69 億元，年增 0.8%，稅後淨利為新台幣 3.45 億元，年減 25%，EPS 4.52 元。

2019 年李森斌接任王品集團台灣執行長，提出組織改造之「群將計畫」，鼓勵員工提案，員工和公司將能合資，共同創業。此外，「群將計畫」將以廚藝研發中心為主軸，定位為「王品的少林廚藝學院」，將中餐、異國料理、日料和甜點四大主軸，列為集團未來發展方向，目標在 2021 年帶王品重返高峰。李森斌執行長希望找回王品人創業初心，培養具「創業精神」的興業家，同時活化組織，以利發掘人才及培育人才。

同時，更藉由舉辦創業競賽，希望發揮企業引領、帶動整體行業向上的力量，從餐飲本業出發，積極展現企業承擔社會責任，對社會及環境發揮正面的關鍵影響力，創造台灣社會共榮、共好的新環境。

2020 年雖面臨嚴重特殊傳染性肺炎（COVID-19）[19]疫情，王品集團因領先業界、提前啟動「安心專案」高規格防疫措施，落實執行量體溫、戴口罩、勤洗手、定時酒精消毒等程序，因此業績與同業相比，所受到的衝擊較小。

2021 年王品集團定調營運方向為「超越顛峰、重返榮耀」，除了持續優化升級既有品牌、強化競爭力之外，將聚焦中餐及鍋物品牌、規劃在台灣展店 40 家店，且預計將台灣總店數推升至 320-330 家，並在兩岸推出至少五個新品牌。

同年，王品集團第二度實施「庫藏股」留才。自 2013 年起，王品集團便開始實施「同仁持股信託」，鼓勵員工提撥薪資、公司同時提撥同仁金額的 50%購買王品股票，在儲蓄同時共享獲利成果。而此次以每股 90-190 元的價格，斥資 7.3 億元，買回 3,850 張股票轉讓同仁，同時將門檻降低，店長、店主廚不論職級皆可加入。

展望未來的營運發展，面臨餐飲市場激烈競爭，商圈移轉快速，王品集團將持續以滾動式管理來因應市場變化，細膩布局，達到最佳資源配置；並且將持續在兩岸開創新品牌，擴增營運規模，期盼達到營收、獲利同步增長。

財務分析

以下進一步呈現王品集團之獲利情況，分析王品的財務結構（如第 16 頁表所示）。以獲利能力觀之，王品集團 2019 年營業毛利率[20] 與純益率[21] 分別為 44.45% 及 2.15%，自 2015 年起之營業毛利率略為下降，但純益率則從 1.35% 微幅成長至 2.15%，顯示 2015 年 7 月開始，由新任董事長陳正輝所領導的王品集團，有效掌握在台灣進行展店及商圈移轉，同時將店數整併的

▼ 王品集團營業現況

項目 ＼ 年度	2014 年	2015 年	2016 年	2017 年	2018 年	2019 年	2020 年
集團年營收（億／新台幣）	169	167	161	158.1	162.6	162.3	152.1
集團營收年成長率	13.6%	-0.78%	-4.04%	-1.79%	2.79%	-0.17%	-6.29
台灣年營收（億／新台幣）	116	102	93	89.6	93.4	97.9	104.9
台灣營收年成長率	4.82%	-11.57%	-9.04%	-4.08%	4.29%	4.76%	7.12%
大陸年營收（億／新台幣）	53	65	67	68.5	69.2	64.4	47.3
大陸營收年成長率	39.5%	22.8%	3.85%	1.36%	0.84%	-6.84%	-26.66%
稅後淨利（億／新台幣）	7.03	0.35	3.23	4.63	3.45	3.55	3.48
EPS	9.14	0.45	4.20	6.01	4.52	4.77	4.61
集團品牌數	15	17	19	20	22	24	29
台灣品牌數	13	13	15	15	19	21	22
大陸品牌數	5	6	7	6	7	10	10
集團總店鋪數	431	396	418（含上海石二鍋，不含泰國）	428	442	413	409
台灣店鋪數	303	263	260	266	286	277	277
大陸店鋪數	126	131	140（不含上海的16家石二鍋，因官網放置在海外）	150	154	134	132
其他地區店鋪數	1+1（泰國陶板屋＆新加坡舒果）	1+1（泰國陶板屋＆新加坡舒果）	1+1+1（泰國陶板屋＆新加坡舒果＆美國原燒）	1+1+1（泰國陶板屋＆新加坡舒果＆美國原燒）	1（美國原燒）	0	0

資料來源：公開資訊觀測站（2020）。[22]

▼ 王品集團財務分析

		2014 年	2015 年	2016 年	2017年	2018年	2019年	2020年
獲利能力	資產報酬率（%）	9.54	2.45	5.83	6.97	4.20	3.72	2.65
	股東權益報酬率（%）	17.95	4.80	11.67	15.72	11.60	10.50	7.45
	稅前純益占實收資本比率（%）	154.96	47.06	103.30	125.08	76.32	57.21	-
	營業毛利率（%）	51	49	49	51	47	44.45	46.25
	純益率（%）	5.25	1.35	3.36	4.19	2.47	2.15	1.68
	稅後淨利（億）	7.03	0.35	3.23	4.63	3.45	3.55	3.48
	每股盈餘（元）	9.14	0.45	4.20	6.01	4.52	4.77	4.61
償債能力	流動比率（%）	133.22	125.12	147.06	156.51	128.84	85.55	96.16
	速動比率（%）	72.58	75.43	113.93	125.38	89.22	59.46	66.35
	利息保障倍數（%）	NA	8493.7	NA	NA	97,286.26	640.03	410
經營能力	應收帳款週轉率（次）	100.97	113.13	92.28	70.75	58.0	63.21	64.91
	應收帳款收現天數（日）	3.61	3.23	3.96	5.16	6.29	5.77	5.62
	存貨週轉率（次）	4.16	3.89	5.30	7.63	7.77	6.79	5.58
	應付帳款週轉率（次）	22.37	23.22	20.90	18.31	18.69	19.97	-
	平均銷貨日數	87.74	93.83	68.86	47.83	46.97	53.75	65.41
	固定資產週轉率（次）	5.41	5.88	6.73	7.56	5.76	6.08	-
	總資產週轉率（次）	1.76	1.82	1.73	1.62	1.72	1.27	1.15
財務結構	負債占資產比率（%）	48.35	51.30	48.76	48.79	52.79	65.99	69.16
	長期資本占固定資產比率（%）	165.05	164.18	208.71	186.83	127.88	194.38	312.84
現金流量	現金流量比率（%）	31.22	41.63	51.63	36.81	22.73	37.87	38.44
	現金流量允當比率（%）	79.31	85.10	101.76	110.29	92.97	132.95	-
	現金再投資比率（%）	5.79	16.18	25.93	14.98	6.72	43.4	-

資料來源：公開資訊觀測站（2020）。

市場先機,並進一步選擇結束「曼咖啡」品牌之正確商業決策。上述一系列的經營策略,造成純益率自 2016 年起逆勢成長;股東權益報酬率 [23] 2019 年為 10.50%（2015年 4.80%）,稅後淨利為 3.55 億元（2015年為 0.35 億元）。

財務結構部分,2019 年集團之負債占資產比率 [24]（又稱負債比率）為 65.99%,主係增加投資子公司及投資新設立大陸子公司所致。由其財報顯示,流動負債中合約負債為 24.48 億元,主要為禮券的預收款項,占流動負債比例達 19%,為流動負債中最大金額,而此筆預收款金額可視為用以支付食材庫存的資金來源,有利集團資金運用。

償債能力部分,2019 年的流動比率 [25]為 85.55%,較 2015 年的 125.12% 呈現下降趨勢,主係王品使用自有資金轉投資新設之大陸公司,致使同步增加流動資產和流動負債,導致流動比率下降。速動比率 [26] 部分,2015 年 75.43%,2019 年為 59.46%,與 100% 的標準建議值差距增加,然利息保障倍數還是 3 以上的安全範圍內（2019 年為 640.03%）。

經營能力部分,2019 年全年度存貨週轉率 [27] 6.79 次,較 2015 年 3.89 次微幅上升;平均銷貨日數 [28] 為 53.75（天）,比2015 年的 93.83（天）下降。在 2019 年應收帳款週轉率 [29] 63.21 次,較 2015 年 113.13次大幅下降;在 2019 年平均收現日數 [30] 5.77 天,較 2015 年 3.23 天微幅上升。就總體而言,王品集團已充分運用產能並有效率地營運,促使其總資產週轉率 [31] 皆維持在良好水準（2019 年為 1.27 次）。

在現金流量部分,王品集團在現金流量比率 [32],近五年呈現微幅振盪趨勢,然現金流量允當比率 [33] 及現金再投資比率 [34],近五年呈現上升情形,顯示王品集團最近五年營業活動淨現金流入足以支付王品的設備增添、存貨增加額及現金股利發放,亦可支應資產重置及經營成長之需要,例如以投資新設子公司及展店等運作。

然而,王品集團兩岸業績在 2020 年第一季、第二季營收分別衰退 29.78% 與13.31%。此主要是因為 2020 年受嚴重特殊傳染性肺炎（COVID-19）疫情影響,而「王品瘋美食」App 在此階段成功扮演了救火隊的角色,讓整體業績止跌回升。王品為了因應疫情,在台灣與外送平台合作,推出外帶 85 折優惠、免服務費優惠方案,讓民眾能安心在家享用王品美食。為了不讓客人流失,在 2020 年每個月都推出各式活動,例如 2 月推出 15 大品牌生日禮、入會禮,創造使用次數高達 28.3 萬次使用,營收高達 5.6 億。

2020 年 5 月,王品推出「參加股東會,就贈市值 2,200 禮券」行銷活動,除鼓勵股東加入新推出的 App 會員,也刺激股東到王品餐廳用餐。2020 年 7 月時,台灣政府推出振興卷給民眾使用,而王品亦運用這波活動機會,推出王品振興加碼送現金活動,使用次數達到 15.8 萬次,創造 2.9 億營收。累計至今成功帶動超過 10 億元營收。甚至在 2020 年 8 月,王品更締造了單月營收歷史次高紀錄,收入 17.4 億元。

2021 年集團公布 3 月份的自結營收中，台灣事業群的營收為 9.6 億元，成為台灣事業群歷年來 3 月份營收新紀錄，年增 56.28%。大陸事業群 3 月營收 5.1 億元，兩岸 3 月合併營收 14.7 億元，創同期新高，年增 93.2%。據 2021 年集團發展目標，其致力於達成集團營收成長 15%、淨利率達 10%。

透過近幾年王品集團的財務發展狀態可以看見，王品不僅挺過了組織改革的動盪期，更在 COVID-19 疫情嚴峻的狀態下，各品牌重新調整，亦快速開發新品牌，讓王品集團整體獲利漸漸復甦，展現無比的韌性與創新力。

品牌發展成功方程式

◉ 單一品牌到多品牌

目前王品集團旗下的各個品牌都各具特色、定位明確，並且透過不同價位及產品，吸引了各種消費族群。但從單一品牌到多品牌經營，對任何餐飲經營管理者都是一大挑戰。關於這一點，戴勝益創辦人的看法是：

▲ 王品的品牌發展策略，讓企業快速成長

「幾乎所有做餐飲的，只要做到多品牌，很少有成功的，大部分都是原品牌成功，第二個副品牌全部都失敗。譬如說，你做的是川菜，但是你副品牌做的是咖哩飯或炸豬排，很少人成功的。因為所有的消費者依照品牌的定義，他會認同你的第一個品牌，但他認為你第二個品牌是不專業的。」

但王品集團為何還要走上多品牌之路，而且相當成功？主要原因在於集團第一個品牌——王品牛排的發展遇到了嚴重瓶頸。

王品集團的歷程中，2000 年是重要分水嶺。1993 至 2000 年，王品集團靠著單一品牌在七年內開出 15 家直營分店，並締造出 42% 以上的年複合成長率[35]、年營業額近 9 億元新台幣之佳績。

然從 2000 年起，台灣面臨國際經濟不景氣，除造成出口不順暢外，也連帶影響消費成長遲緩、投資不足、政府支出負成長。2001 年經濟成長率從前一年的 5.86% 驟降為 -2.18%，為台灣 50 年來所僅見；2002 年雖然恢復到 3.08% 的水準，但全年的失業率卻高達 5.18%（2000 年為 2.98%、2001 年為 4.52%），也創下 40 年來新高。

值此之際，高價位的「王品牛排」受到景氣衰退嚴重衝擊，將 15 家分店縮減為 11 家，並裁撤約 50 名員工。此舉造成員工對於公司前景疑慮，使得優秀人才開始流失（人才反淘汰）。為解決此經營危機，王品集團決定走向多品牌、多市場區隔的策略。

2001 年戴勝益創辦人提出了「醒獅團計畫」，鼓勵有創業潛力的主管進行內部創業，希望「30 年推出 30 個品牌，開 10,000

家店」。「醒獅團計畫」的核心簡單來說，就是將「王品牛排」的成功經驗不斷複製，走向多品牌路線。戴勝益創辦人提及：

> 「多品牌不是王品集團自己想出來的，其實是 P&G（Procter & Gamble）[36] 發明的。所以我認為我們可以在原來的餐飲領域裡面創造不同品牌，來滿足所有的消費者。」

◉ 品牌發展歷程

在確定由單一品牌走上多品牌，王品集團的品牌發展即遵循 17 字的指導原則：

> 「客觀化的定位，差異化的優越性，焦點深耕。」

客觀化的定位就是：各品牌需找到足夠的市場定位與規模；**差異化的優越性**乃指：讓顧客留下獨特且超值的用餐經驗；**焦點深耕**則是：要求集團內各品牌聚焦於單一產品類別。

除此，王品集團尚有「三 wow（哇）菜色」理論，就是「哇、好看！哇、好吃！哇、好便宜！」其中所謂好便宜是指高的 CP 值 [37]（性價比），也就是以顧客的期待打七折，例如：「西堤」定價 500 元左右，基本上就要讓顧客覺得有 700 元以上的價值。

而在打造新品牌發展之流程管理，王品「醒獅團計畫」更有一套嚴謹的程式，詳如下圖所示：

step 1	● 決定價格、找出合適產品 價格是差異化重要指標，先定價格區間，接著是產品內容，不碰中餐類。
step 2	● 選定「獅王」 獅王為該品牌負責人，再找品牌總監、店長、主廚共同成立創業小組。
step 3	● 確立目標客群 菜色定位，以舒果為例，客層並非定位在素食者，而是重視健康的消費者，所以菜色以營養均衡為主。
step 4	● 中常會過關 每個品牌的獅王都會參加檢視新品牌是否和既有品牌產生衝突，避免造成市場混淆。
step 5	● 品牌形象 塑造依照品牌個性設定，為新品牌裝潢、音樂、服裝儀容定調。

資料來源：曾如瑩、黃玉禎（2011）。[38]

在新品牌發展過程中，價格是王品集團在品牌開發的首要考量指標。首先，找出市面上「價格空窗帶」[39]，再推出足以彌補價格空窗帶的新品牌，提高成功機會。

價格決定後即可開始討論具經營價值、有足夠市場規模，並可支撐連鎖品牌的合適產品；其後，由提案獅王擔任品牌負責人並成立創業小組；而新品牌確立目標客群後，必須經過集團最高決策中心——王品集團中常會 [40] 這一關。

中常會投票現場的王品集團其他品牌負責人，會嚴格檢視新品牌是否與既有品牌客群產生衝突，若無，經投票通過後，即進入新品牌之形象塑造。

王品集團各品牌之發展歷程與素描，如以下三頁表格所示。

品牌	成立（台灣）	成立（海外）	產品定位	品牌承諾	品牌個性	服務定位	代表花朵/圖騰	代表顏色	代表性行銷事件	價格
王品	1993	2003（大陸）	西式高檔牛排	只款待心中最重要的人	年輕紳士、質感品味	尊貴的適客化服務	玫瑰	玫瑰紅	玫瑰傳愛	NTD 1,350 RMB 338
西堤	2001	2005（大陸）	物有所值、創意風味牛排	Let's TASTY, let's enjoy！	年輕、熱情、活潑、流行	熱情主動有記憶點的服務	太陽花	橘紅	熱血青年站出來	NTD 518~860 RMB 150
陶板屋	2002	2010~2017（泰國）	和風創作料理	家人的美味關係	親切、有禮、有內涵	溫馨自在	薰衣草	薰衣草紫	一人一書到蘭嶼	NTD 568；THB 568
原燒	2004	2016~2018（美國）	優質原味燒肉	原味才能突顯好肉質	真誠、友善	貼心專業服務	海芋	草綠	兒盟公益	NTD 680~2180
聚	2004	—	北海道昆布鍋	一期一聚與最好的相聚	熱忱、貼心、好客	主人式的熱忱服務	天堂鳥	天堂橘	高空昆布剪綵	NTD 398~698
藝奇	2005	—	旬料理、鮮食材，創藝日料	經典日料、創藝呈現	講究美感、細膩專注	自然細緻的服務	五葉松	黑色	神鼓慶開幕	NTD 698
夏慕尼	2005	—	新香榭鐵板燒	第一時間‧先嚐‧嚐鮮	浪漫優雅、風趣健談	優雅的服務、師傅料理秀	鳶尾花	法國藍	音樂會公益	NTD 1030
品田牧場	2007	—	日式豬排、咖哩	品味幸福，暖暖心田	溫暖幸福	親切自在的服務	蒲公英	金黃	辣豬排火辣上市	NTD 268~488
石二鍋	2009	2013~2017（大陸）	石頭鍋涮涮鍋	總是新鮮的安心與涮嘴	熱情執著、真誠簡單	親切的、快速的服務	綠紅色帶	青蔬綠	石鍋幫	NTD 218~298 RMB 52~63
舒果	2010~2018	2014~2017（新加坡）	新米蘭蔬食	用心感覺食物的美好	青春自然	情境式的自然服務	五色圓	桃紅	全台粉絲讚出來	NTD 398 SGD 29.8
曼咖啡	2011~2015	—	法式咖啡蛋糕輕食	my Famonnn, my Style	時尚熱情	親切的、迅速的、熱情的	—	Tiffany藍	開幕一日店長	NTD 55~250
LAMU慕	—	2013~2017（大陸）	新法式鐵板燒	打開你的味蕾隨著 LAMU，一起在一道道美食間旅行	新法蘭西時尚風	大方、開朗的貼心服務	—	紫色	—	RMB 358
花隱	—	2013（大陸）	創意懷石料理	一期一會的極致賞味	輕鬆、雅致	充滿文化感的雅緻服務	櫻花	咖啡色	—	RMB 298~380
hot7	2013	—	新日式鐵板料理	滋滋原味快熱頌	有元氣的	元氣、有節奏感的服務	鐵鏟	紅色	—	NTD 299~379
ita 義塔	2014~2019	—	義大利麵燉飯	美好就從1+1開始	親切自然	—	—	金色、棕色	—	NTD 180~420
鵝夫人	—	2015（大陸）	港式料理	以米其林級別現烤燒鵝為招牌的港式餐廳	年輕、時尚、雅緻	親切、大方	—	紫色	—	RMB 90~95

（續下頁）

品牌	成立 （台灣）	成立 （海外）	產品定位	品牌承諾	品牌個性	服務 定位	代表 花朵 /圖騰	代表顏色	代表性 行銷事件	價格
PUTIEN 莆田	2015	—	原味新加坡莆田菜	連續四年新加坡米其林一星餐廳	周到熱情，享樂歡聚	周到、親民	—	Tiffany 藍	—	NTD 600~700
蜀三味	—	2016～2019 （大陸）	川菜料理	還原百年四川好味道	親切、熱情	親切、熱情	—	—	—	RMB 60
酷必 CooK BEEF	2017~2019	—	全球首創NO.1舒肥牛排飯	NO BEEF! NO FUN!	酷潮	率性、自然	英國鬥牛犬	黑、橘	塗鴉 街舞	NTD 300
麻佬大	2017~2019	—	最對味的川味麻辣鴨血豆腐	大眾親民食堂	豪爽、熱情	快速便利的自助式服務	—	紅	千人挑戰	NTD 128~253
乍牛	2017~2019	—	炸牛排專賣	職人演繹純粹美味	悉心手作、專注呈現、講究精確	友善、效率、迅速、正確	牛	日本藍	—	NTD 380
沐越	2018	—	越南料理	法式氛圍中的越式饗宴	法式悠閒愜意 X 越式熱情奔放	友善自然、具文化體驗	—	色彩系統以沉穩的墨綠色、樸實的米白色象徵越南，以砂礫融化般的銅金色、溫軟俏麗的淺粉色象徵法國	—	NTD 180~880
Su/food	2018	—	早午餐果汁吧地中海輕食	品嚐食物的真滋味，暢享無需壓抑的舒服	隨性自主、自信美味	貼心、不過度打擾的服務	—	橘水藍	—	NTD 100~320
青花驕	2018	—	麻辣火鍋	椒中魁首 驕在麻辣	自在、簡約、大方、人文涵養	新東方管家式的貼心服務	青花椒	靛青色	—	NTD 218~748
享鴨	2018	—	中華料理	來享鴨，暢享功夫烤鴨與一桌好菜！	自由不拘、零距離	體貼、不拘泥的服務	鴨子	橘黃藍白	—	NTD 750~1380
12MINI	2018	—	個人火鍋	新鮮看得見、快速即享	直率、純真	率性、自在的自助式服務	—	—	—	NTD 130~170
萬鮮	2018	—	生鮮食品	—	—	—	—	—	為王品集團旗下唯一線上品牌	NTD 890 ~1490
舞漁	—	2018 （大陸）	日料 濱海鮮燒	運用九州博多水炊料理的精髓，研發出美人膠原鍋	輕鬆、熱鬧	熱情	—	—	—	RMB 125

（續下頁）

品牌	成立（台灣）	成立（海外）	產品定位	品牌承諾	品牌個性	服務定位	代表花朵/圖騰	代表顏色	代表性行銷事件	價格
北島鮨鮮	—	2018（大陸）	江戶風日本料理	新鮮，一吃就知道	品味、品質、日式	熱情、主動、日式感	—	—	—	RMB 270
就是川	—	2018~2019（大陸）	川式小酒館	川食會友，把酒言歡	熱情、開朗、豪爽	親切、熱情	—	—	—	RMB 9~118
丰禾台式小館	2019	—	台灣菜	復刻重現記憶中的台菜	溫暖、樸實、有人情味	如遊子回家般，給予人情味的溫暖服務	稻穗	橘黃	—	NTD 60~350
樂越	2019~2020	—	越南美食河粉	湯鮮、粉Q、料澎湃！做自己，FUN開吃！	越式歡樂、做自己	快速自助式服務	—	—	—	NTD 169~329
THE WANG	2019	2019（大陸）	特色牛排的法式餐廳	給予舒適、高級的西餐文化體驗	品味、高雅、舒適	專業、到味、貼心	—	—	—	NTD 980~2380 RMB 800~1488
海狸家	—	2019（大陸）	日本料理居食屋	新鮮就是好吃	年輕、可愛、認真	親切、熱情、日本感	—	—	—	RMB 180
海野家	—	2019~2020（大陸）	居酒屋	風味濃郁、地道美味	熱鬧、歡聚	親臨日本感的熱情	—	—	—	RMB 120
鵲玥	—	2019（大陸）	粵菜料理	經典道地、實惠好吃	休閒小聚、高性價比	熱情、主動、親切	—	—	—	RMB 96~102
和牛涮 WAGYU SHABU	2020	—	半自助式日式和牛火鍋吃到飽	和牛入魂、涮個痛快！（不只有鍋物，加碼推出炙燒和牛壽司、極上和牛黑咖哩）	日式、年輕、爽快	精準、熱情、快速	—	—	週末營業到凌晨2點	NTD 378~718
薈麵點	2020	—	水餃、麵食	延續傳統好滋味	樸實無華、坦誠溫暖	你我回家的會面點	一碗麵	橘色	—	NTD 35~130
町食就是定食	2020	—	日本風味定食	堅持為您新鮮現做豐盛美味	—	—	—	藍綠色	—	NTD 219~380
肉次方	2021	—	燒肉吃到飽	—	—	—	—	—	—	NTD 588~988
西川霸牛	—	2021（大陸）	麻辣鍋	—	—	—	—	—	—	RMB 156
万利丰和牛涮	—	2021（大陸）	日式和牛火鍋吃到飽	—	—	—	—	—	—	RMB 152
金鳳來儀	—	2021（大陸）	粵菜料理	—	—	—	—	—	—	RMB 28~428

資料出處：陳芳毓（主編）（2012）。[41] 部分資料依官網更新至 2021 年。

王品集團各個品牌擁有不同之個性，不同店鋪之服務生笑容特色亦不同，集團主管黃國忠曾強調：「品牌的個性必須靠著與顧客互動的點點滴滴來累積形象。」他舉例：

「王品牛排所營造的是尊貴、西堤是熱情、陶板屋是謙遜有禮，貼心中帶著刻意，動靜之間吸引顧客不同的需求。而以服務個性為例，販賣和風料理的陶板屋，服務生要像日本姑娘一樣和藹有禮，擁有春風般的微笑；西堤主打年輕客群，則要有熱情的笑容，並規定露出七顆半牙齒的笑容。」

雖說多品牌發展成功不易，但王品在嚴謹的多品牌發展過程中，在集團早期踢到鐵板的機率卻是相當低，戴勝益創辦人是這樣分享此項經歷：

「……我們幾乎每一個品牌都非常成功，每一個品牌幾乎是獨立的成功，它絕對不會受到王品本身是牛排館的因素影響，所以這是我們的策略抓得好……這當然經過我們很多的努力跟很多的設計，包括我們的音樂；我們這一個品牌跟那一個品牌的音樂是不一樣的，我們有一個同仁專門在聽、在選音樂。每一個品牌它是不一樣的，不能在這一個品牌聽到的音樂跟那一個品牌聽到的音樂是一樣的，讓人感覺到你們是同一個公司。」

「我們有非常多的分工，我們品牌部的同仁，就是每一個品牌都有三個同仁在管那個品牌，他們絕對不會受到別的品牌的影響。我們這個品牌的設計師也不會去設計另外一個品牌。」

然而，自從戴勝益創辦人退休後，王品集團品牌的創立與經營模式也逐漸轉型。從 2017 年的「沐越」品牌強調一店一特色開始，便不再像過往會強調每個品牌的個性、代表花朵／圖騰、代表顏色或行銷事件，而是回歸到最單純的產品定位與品牌承諾，希望可以快速拓展市場，並符合消費者的喜好，隨時調整與改進。

自 2018 年起，王品集團陸續開設了以強調法式氛圍的越南料理「沐越」、主打地中海輕食的「Su/food」、麻辣火鍋品牌「青花驕」、以中華料理為主的「享鴨」；2019 年創建的新品牌則有主打台灣菜的「丰禾台式小館」、越南美食河粉「樂越」（2020 年結束營業），到推廣個人火鍋的「12MINI 經典即享鍋」、強調生鮮食品也是唯一的線上品牌「萬鮮」，及專攻高端消費客群、提供管家式服務並著重高檔食材品質、主打極炙酥烤熟成帶骨牛排的「THE WANG」。

到了 2020 年，王品更突破以往的套餐式經營模式，以近 30 年牛肉專家經驗的角度，首推日式和牛火鍋吃到飽「和牛涮WAGYU SHABU」進入餐飲市場，並有主打17 款日式定食的「町食就是定食」新品牌開幕，同年也推出以傳統料理水餃、麵食為主的「薈麵點」。2021 年王品首次進軍燒肉吃到飽市場，創立新品牌「肉次方」。

◉「王品瘋美食」App

此外，隨著智慧型手機趨勢快速增長，首代「瘋美食」App 無法滿足顧客需求，董事長陳正輝於 2019 年第二季以三年 2 億總預算打造全新 App「王品瘋美食」，解決消費者需求及營運優化的二大痛點。「王品瘋

▲「王品瘋美食」於 2020 年 2 月上線

美食」App 於 2020 年初推出，截至當年 10 月底已累積 101.5 萬會員，App 平均每天能增加 3,704 人，是台灣餐飲業 App 會員成長最快的紀錄。

「王品瘋美食」的四大功能：從 22 個品牌中挑選餐廳、線上訂位與自動發送邀請函、行動付款（自有支付瘋 Pay）、會員專屬優惠（消費累積、折抵瘋點數）。消費者可以依照餐廳類別、用餐情境來決定今天想吃的東西，進而幫助消費者尋找合適的王品旗下餐廳。除了提供 24 小時線上訂位，還能幫忙客製化邀請卡、不定期享有預付定位優惠回饋，任何品牌最新的情報和好康優惠，此 App 都能讓消費者一次獲得最新的相關資訊。

王品集團精緻餐飲事業群總經理黃佳慶強調，「王品瘋美食」App 衝會員數是第一步驟，接下來就要談「黏著度」。瘋美食 App 就像蘋果的智慧型手機一樣，先設法以最實用功能留住顧客，而大量的會員、累積點數就有機會吸引食衣住行都來合作換粉，攜手擴大消費價值。

值得注意的是，王品也在 App 中增加電商功能——王品嚴選，將先前上架全聯的青花驕鍋底、火鍋料等人氣商品放在網站販售，未來還會進一步擴大電商品項；同時，王品正在討論推出遊戲化優惠功能，藉此提高消費者用餐意願，同時也計畫導入餐飲教學影音——找師傅來教學王品熱門料理，配合 App 底下餐廳訂位連結，讓消費者更方便能吃到美食。

上述愈來愈多元化的創新菜系與豐富多變的品牌經營創新模式，皆讓我們看到王品集團力求突破與蛻變的決心。

◉ 台灣至大陸

王品集團從 2003 年開始進入大陸，其初衷在於台灣市場屬於淺碟經濟，市場飽和速度相當快，除了運用不斷打造新品牌來提升集團營收，擴展海外市場是必然的趨勢。但初期發展並沒有想像中順利，時任大陸事業群執行長李森斌曾表示：

「進軍大陸十多年深覺市場詭譎多變，直到去年（2015 年）王品集團在大陸才算站穩腳步。之前展店速度不盡理想，是因為犯下許多錯誤，像是：台籍幹部以優越感對待大陸同仁、展店戰線拉得太長、市場定位不清。」

他更進一步指出：

「大陸不是一個市場，它必須區分為一個又一個的城市，每個城市的定位和競爭策略都不同，而人才、企業文化、市場定位都必須達到一定水準，才能夠站穩腳步大幅前進。這是王品集團進軍大陸，耗時十多年才學會的『大陸市場學』。」

但近十年來，隨著大陸城鎮所得每年提升約 10% 至 15%，帶動消費能力，促使王品集團加速旗下一系列特色餐飲品牌進入大陸；而考量行業特性、市場回應、成本因素、風險控管與組織能耐，王品集團決定在大陸另外設立總管理處，地點選在上海徐匯區（楊秀慧，2012）⁴²。

▲ 深耕多年，王品終於在大陸西餐料理站穩腳步

王品集團在大陸的發展，初期是將台灣成功品牌與業態移植到大陸市場，包含「王品」牛排、「西堤」牛排，2013 年開始則有不同的新氣象。2013 年 2 月「花隱」懷石料理與「LAMU 慕」（於 2017 年結束營業）在上海著名地標商場美羅城的 8 樓同步開幕（也是總管理處所在之地）；2015 年成立的「鵝夫人」首家店開於上海的莘莊，至 2021 年已有八家店的規模。王品旗下川菜品牌「蜀三味」2016 年於上海莘莊開立第一家門店（2019 年結束營業）。2018 年成立了三個品牌，分別為日式海鮮燒烤料理「舞漁」、新鮮日式料理「北島鮨鮮」以及川菜館「就是川」（2019 年結束營業）。2019 年成立四個新品牌，江戶風日式料理的「海狸家」、高端牛排「THE WANG」、精緻粵菜「鵲玥」、日式居酒屋「海野家」。2021 年的上半年更陸續成立三個新品牌，有以四川清油麻辣火鍋為特色的「西川霸牛」、主打吃到飽的和牛火鍋品牌「万利丰和牛涮」、主打古法秘傳海南雞的粵菜品牌「金鳳來儀」。

王品在大陸發展至 2021 年已歷經 18 年，大陸餐飲消費市場也有很大的轉變，尤其大陸國民所得爆炸性增加，其中最先進入大陸市場的王品牛排在價位上一直沒有大幅度的調整，18 年的時間僅從 198 元人民幣調整到目前的 420 元人民幣。因此五年前便決定要在上海外灘開出集團在大陸市場的旗艦店，以王品牛排為基礎，發展價位更高的品牌。因而於 2019 年創立了新品牌「THE WANG」，以高檔食材烹製菜餚並結合優勢地利與環境，及高顏值服務人員提供「管家式服務」，切入大陸高端餐飲消費市場，進而推升王品集團在大陸西餐外食市場的形象地位。

▲高價的花隱，切入大陸和風料理市場

至 2021 年，王品目前計有 12 個品牌耕耘大陸餐飲市場，從最初的西餐品牌，而後發展成多元的菜系，包含中餐、日料、粵菜、麻辣火鍋、和牛火鍋。而「單一城市‧多品牌」為王品集團在大陸的主要發展戰略。對此，時任大陸事業群執行長李森斌表示：

「2003 年進入大陸的王品一路順利，但 2007 年王品在大陸發展遇到瓶頸，主要是近百位的中、高階主管被大陸餐飲業挖角，造成整個管理團隊地動山搖。2008 年補進新的一批台籍幹部後，重振旗鼓。而當時，逢大陸經濟發展呈現噴井式的爆發，王品幸運地進入另一波成長。目前王品在大陸的發展，仍以多品牌方式開展，以西安至成都至昆明的軸線以東的省縣主要城市為基地，預計規劃不超過 40 個城市，每個城市以多個品牌進駐。」

至於為何切入中餐市場，執行長李森斌

也表示：

「2014 年王品在大陸感受到異國料理（非中式料理，如：日式、西式、法式等）衰退速度明顯比中餐快，因此開始進行策略調整，譬如：原本王品牛排預計在大陸開 150 家，調整為 80 家；西堤從 120 家調整為 60 家。而反向的策略操作則思索：多品牌持續開展仍有其必要性、西餐發展可能有其限制，加上中國人對於中餐的接受度明顯高於異國料理……王品集團決定進軍更大眾化的中餐。第一個中餐品牌鵝夫人已順利進入市場，接下來將進入競爭更激烈的川菜市場。」

而目前競逐大陸之品牌中，王品集團原本最看好平價小火鍋在大陸市場的爆發潛力。平價小火鍋市場的特性，與王品集團的許多品牌在經營管理方面，有著相當不同的操作，譬如：它簡化了服務的流程與訂位、儘量減少桌邊服務、更容易標準化。2009 年成立的「石二鍋」在台灣發展相當順利；2012 年王品集團與菲律賓餐飲集團龍頭快樂蜂（Jollibee）合資成立 WJ 公司，採合資直營方式將「石二鍋」開進大陸，集團賦予重任。

「石二鍋」初期以上海為發展起點，首店位於上海市楊浦區的寶地廣場，逐步擴展至長三角地區，分別位於上海市金沙江西路上的萬達廣場與蓮花南路上的大潤發，初期展店重心鎖定百貨商場，利用其高度集客力，衝刺業績。截至 2021 年，石二鍋在台灣共展店 72 家，而大陸則已於 2017 年底全面結束營業——此結果與當初品牌創建時之預期有一段相當大的落差——原本預期 2013 年兩岸能開出 200 家「石二鍋」。這原因據時任大陸事業群執行長李森斌表示：

「由於大陸民眾習慣大火鍋式的餐飲氛圍，加上石二鍋的口味與在地仍有差異性，石二鍋的發展在大陸，目前仍有調整的空間。」

整體而言，未來王品集團在大陸中高價餐飲市場之發展策略，將以穩定既有市場、加快展店速度、開創新品牌，並強化品牌創造力為策略目標；對於平價事業則以打入平價餐飲市場、開拓市場格局為策略目標。此外，為因應新的品牌誕生，現場營運的同仁將循王品的訓練體系自己培養，總部所需之人才、廚師等則將從外部延攬。

◉台灣至東協、美國

在王品集團發展過程中，有三位老師是戴勝益創辦人相當尊崇的，在集團品牌國際化發展中，每一位皆扮演著相當重要的引導及學習標竿角色。戴勝益創辦人這樣說：

「……當初的第一個學習過程是麥當勞，因為麥當勞做的是標準化跟規格化；然後，第二個學習過程是嚴長壽老師，因為他做的是感動顧客的經營，就是亞都麗緻大飯店（The Ladies Taipei）[43]；要國外授權的時候，又多一個史老師，叫 Starbucks（星巴克），因為，國外授權一定要學它，它知道怎麼樣去授權、找怎麼樣的對象、怎麼樣去簽約、未來怎麼樣對自己公司最有利，所以我們每一個階段都要有不同老師！」

因此，王品在台灣與大陸以外之地區，決定仿效美國星巴克，以「慎選國際合作夥伴、品牌授權[44]」方式為主要發展策略，並設下合作對象「必須是當地國在地餐飲業者、市場規模必須是前三大，以及必須是上市公司」等三大門檻，加上企業經營理念必須與王品集團相符等條件進行品牌授權。

經過一番尋覓，王品集團的「陶板屋」終於在 2010 年與泰國上市餐飲集團 OISHI 合作，收取 15 萬美元之品牌使用費，以及按年營業額 1% 至 2% 收取權利金。此合作最主要希望藉由品牌授權打入東協，並以「陶板屋」為試金石，測試東南亞國家的消費者對於王品集團的餐飲接受度。

出乎意料的是，「陶板屋」在泰國的成績卻差強人意。探究其原因，主要在於「陶板屋」在泰國的品牌定位不夠清晰，再加上國情的不同也造成主推套餐上的差異效果。舉例來說，台灣人對於牛肉相關料理有較高級的印象，因此在台灣的高檔餐廳常會以牛排為主打的套餐特色；然而，在泰國的風俗民情差異下，有將近四成的泰國人是不吃牛肉的。但，OISHI 卻將主打「和風料理」定位的「陶板屋」，改以「牛排」為主打的特色，反而造成了品牌在泰國發展上的阻礙。

上述現象，最根本的原因即在於採品牌授權就是一個錯誤的決策。因為品牌授權只管營收，不用管、也管不到成本及策略，對於當地合作業者（OISHI 集團）的經營無從置喙。

吸取泰國之經驗後，王品集團再次將品牌開進東協，其所採取之策略已有調整，從單純的品牌授權，轉變為承諾度更高的授權並加上合資的方式。

2014 年在進入泰國四年後，王品集團將該年定位為「國際化元年」，首先與新加坡莆田集團以 3：7 的比例合資成立公司，

授權莆田集團於新加坡經營在台灣相當成功的「舒果」。

成功拿下新加坡後，美國華人聚集的加州地區是下一站。王品集團與在美擁有 1,800 多家門市的熊貓速食集團合資，王品出資約三成，將旗下品牌「原燒」遠嫁到美國。

隨著品牌在海外及兩岸爭相插旗，定調 2014 年為「國際化元年」的王品集團蓄勢待發，而在當時，戴勝益創辦人接受專訪時，很有信心地這樣說：

「海峽兩岸將來會有 1,000 家直營店，大陸 400 家店、台灣 600 家。到 10,000 家以後，幾乎就是授權的會比較多了。因為 2020 到 2030 年，頂多再開直營店 2,000 家，那麼就會有 3,000 家直營店，其中另外的 7,000 家都是海外要授權的，就是這樣子！」

然而，在創辦人戴勝益卸下王品集團董事長頭銜後，由陳正輝所帶領的王品集團，其企業的文化與經營模式進行了大規模的調整，截至 2021 年 3 月，王品集團旗下目前共擁有兩岸 32 個品牌，其中台灣有 285 家直營店、大陸有 135 家直營店，合計共有 420 家直營店。

王品集團在 2010 年以授權的方式進入泰國，隨後又以授權和合資等方式進入不同市場，但很可惜，在國際化的這條路上，遇到許多阻礙。目前在東協、美國的店鋪都已經結束營業。

企業文化的創辦初心

開 1,000、10,000 家店都是一個長遠且困難的目標，不過王品集團向來崇尚自我挑戰；而在工作之餘，戴勝益創辦人也希望同仁都能盡情地品味生活，因此提倡：

「敢拚、能賺、愛玩。」

敢拚是指對外用盡所有力量去感動與服務客人，對內實行一家人主義以感動同仁；**能賺**是指持續整合食品上下游供應鏈，創造規模經濟以降低成本；**愛玩**是指達到人生 300 學分，即遊百國、吃百店、登百岳，一邊工作一邊享受生活，讓顧客、同仁以及股東三方皆獲利。

在這些有點炫耀的口號背後，其實有非常堅實的制度及行為要求，規範著王品集團所有員工的一言一行，其中《王品憲法》[45] 與《龜毛家族》[46] 即為重要的典章設計。這兩個設計讓所有王品人在行為準則上有所依據，戴勝益創辦人更是以身作則，執行得滴水不漏，其中一個雋永的故事是關於《王品憲法》的第一條：

「任何人均不得接受廠商 100 元以上的好處。觸犯此天條者，唯一開除。」

王品集團過往每週五早上的中常會，都會邀請一位社會賢達到台中總部演講，那次請益的對象是台灣最大的食品企業統一集團的總經理羅智先。

那一次的演講地點沒有如往常般設在王品的台中總部，而改在統一集團的台南總部，因此王品中常會全體出動前往台南「校

▲獨特的王品企業文化形塑，深植每
位同仁的言行之中

外教學」。羅智先總經理在演講後還送給中
常會成員每人一盒統一集團的產品當伴手
禮。當戴勝益創辦人與所有人高高興興地搭
高鐵回台中時，戴勝益創辦人在高鐵上愈想
愈不對，因為這一盒禮物應該超過 100 元
吧？但「統一是王品的關係廠商嗎？」於是
在高鐵上就打電話回總部查詢，得到的答案
是：統一投資了一家廚房設備公司，王品跟
那家公司採購過廚具，所以王品和統一是廠
商關係，這下伴手禮變成王品中常會集體貪
瀆的燙手山芋！

　　於是在高鐵上，中常會成員就趕忙把那
些禮物集中起來，致電羅智先總經理解釋緣
由，並將禮盒立刻寄回給統一，這才沒有讓
王品中常會裡的所有高階主管包含董事長自
己被公司「集體開除」。

　　企業文化要落實，別無他法，就是領導
者要以身作則。然而，多數老闆經歷創業的
艱辛後，不是放不下權，就是捨不得錢，只

會嚴苛要求員工，卻無法克制自己。推動企
業文化的結果不是惹得天怒人怨，就是陽奉
陰違、虛應故事。

　　王品集團企業文化的形塑，處處可見用
心以及領導者戴勝益創辦人的使力與實踐。
而這些努力反映了戴勝益創辦人一直以來的
想法：「我是認為企業文化能落實，就能夠
讓公司永續經營。」而他也認為：

「一個好的『企業文化』可以讓公司有保障 20 年，
　一個好的公司『策略』可以保障 10 年，
　一個好的公司『福利制度』可以保障 1 年。」

　　企業文化形塑了王品集團對外競爭最重
要的基石，而在建立的歷程中，許媽媽的故
事以及一家人主義則有最深遠之影響。

◉一家人主義

　　「把客人當恩人，把同仁當家人」是王
品集團裡大家耳熟能詳的口號之一。許多人
都有在王品集團旗下品牌用餐的經驗，多少
感受過什麼是王品款待恩人（客人）的方
式，但把同仁當家人是什麼樣的企業文化氛
圍？在家族企業優渥的環境成長的戴勝益創
辦人，為何又能做到把形形色色的王品集團
眾多同仁變成具有家人的同理心？許媽媽的
故事是王品集團企業文化形塑的一個重要關
鍵。戴勝益創辦人和我們分享了這個故事：

「許媽媽是王品牛排台北市中山北店的
一個洗碗的媽媽，她身高大概 150 公分，人
不高，她洗碗的時候下面還要加個小凳子才
能夠洗得到碗。她每天洗得很辛苦，在王品
牛排洗碗是她一個 part time job。每天晚上
洗 4 個鐘頭，每個鐘頭洗碗是 100 元新台

幣，一天就只有 400 元，一個月 25 天只有 1 萬元新台幣，要養活一家人，你就知道生活是多麼的困苦。」

「所以她在洗完碗以後為了多賺點錢，她就背著一個帆布袋，沿街去撿一些寶特瓶、瓶瓶罐罐去賣。後來有一天在她要到對面去撿一個寶特瓶的時候，因為她人很小、然後又是晚上，有部卡車沒有看到她，就把她輾過去，當場就過世了。」

「這件事給我們一個很大的震撼。因為許媽媽在來我們公司之前，她就說她到處去打工都受到人家的欺負，因為看她不太會講話，膽子又小，講話都會發抖，所以她每到哪裡都受到人家的欺負。她說只有來到王品才真的感覺有做人的感覺，因為我們很尊敬她，都對她很好。她在過世之前，每次我去店鋪的時候，都會跟她揮揮手、跟她打個招呼，她也很高興，我感覺到她有受到公司同仁的尊重，但是沒有想到是這樣過世的。」

「後來我在省思這件事。許媽媽事件之前，我也有所謂一般人成功的特質，那個特質就是你要有一部賓士（Benz）的汽車，你要有司機，要有 Armani（亞曼尼）的衣服，對不對？要有很好的手錶，我們都有啊，那時候我也有。但是後來我想，哇～她那麼的辛苦，1 個月 1 萬塊，那 1 萬塊還不夠我們一個晚上一頓飯，是不是這樣子？那同樣在同一家公司，我們過的是這樣的生活，她過的那樣的生活，那對公司的整個文化的塑造是公平嗎？」

「所以我們那兩個月都一直討論這個，討論到最後我們就說：好，從現在開始，我們把所有的進口車全部賣掉，所有的名牌衣服全部不穿，就是以前的那些衣服、手錶都不要了，然後我那個時候開始把司機辭退，我那個司機姓關，他還問我說：『董事長我哪裡有缺點你跟我講，你不要把我辭退。』我說：『你隨時可以來工作，但我絕對不會再請司機，除了我老了以後不能自己開車，那個時候再說，再不然我就不會請司機了。』」

「我們就開始過那樣的生活，結果我發覺我們過那樣的生活，比起以前高高在上，跟同仁之間的距離拉得更近了，因為他們穿 Polo 衫我們就穿 Polo 衫，他們穿運動鞋我們也穿運動鞋，他們背背包我們也背背包，每一個人都一樣嘛，所以我們變成『一家人主義』。在這個事件之前我就一直提倡說我們是一家人、一家人主義，講得很大聲，但是從來都感覺到：奇怪！這一家人也有高、也有低。但從許媽媽之後，我們開始改變我們的生活方式，我們開始感覺真的大家都是一家人了！」

戴勝益創辦人認為：「許媽媽給我們的啟示就是改變我們整個企業文化。」

這個改變王品集團走上樸實之路的故事背後，其實也進一步促成了王品集團對於同仁關懷制度性的落實。

1995 年戴勝益創辦人成立「戴勝益同仁安心基金會」，以及用父母親名義成立「王品戴水基金會」；1996 年陳正輝副董事長成立「陳正輝同仁教育獎學金」；1997 年王國雄副董事長成立「王國雄急難救助貸款」。

2010 年戴勝益創辦人更將其股票的八

成（9,886 張）捐給他所成立的兩個基金會，其中的 4,464 張（超過新台幣 10 億元）即捐給 1995 年成立的「戴勝益同仁安心基金會」，著眼於對同仁的長期照顧，譬如用來照顧因故喪失工作能力的王品集團同仁，每月可以領取一定的金額，領一輩子。

台灣許多企業家亦做公益，能捐出其財產一成就很不容易，從來沒有人像王品集團戴勝益創辦人，一口氣捐出其八成財產（近 30 億元新台幣），這除了展現其對於金錢的豁達外，更宣示他對於王品集團一家人主義的責任與落實。

台灣知名的出版社執行長何飛鵬，為王品集團的一家人主義下了一個很好的註解，他表示（王國雄，2010）[47]：

「王品集團具有中國傳統儒家『仁民愛物』的核心價值，重視每一個人、每一個家庭，然後才是公司運營。戴勝益創辦人相信，從修身、齊家，進而經營公司，啟動成長。王品集團的一家人主義照顧每一個員工並及於其家人，並且視每一個人為『同仁』，而不是員工，這是資本主義社會很難兼顧的思考。」

● 勇於挑戰

一家人主義奠下王品集團在制度面的行為規範，同時也拉近了同仁間的距離，而「敢拚、能賺、愛玩」中的愛玩，則是王品集團透過制度面的設計，激發同仁勇於挑戰自己。這種制度面的設計，讓許多王品集團同仁的行為從「勉強」到「習慣」、從「習慣」到「自然」。

而戴勝益創辦人則扮演著領頭羊，帶著所有同仁一邊努力工作、一邊努力體驗生活、挑戰自我。以 2011 年 3 月 29 日至 4 月 12 日，戴勝益創辦人首開台灣企業之先，帶領連同媒體記者及 12 位同仁攀登世界第一高峰喜瑪拉雅山的聖母峰基地營（Everest Base Camp, EBC）[48] 為例，他如此詮釋這種挑戰的企業文化是如何地在王品集團中持續渲染開展：

「如果公司除了工作以外，其他活動都不鼓勵，那麼員工的記憶只有例行的上班，其他什麼都沒有。到了退休那天他會很遺憾……像現在很多企業都在登玉山，如果王品集團也只是登玉山，是沒有辦法有別於其他公司。所以我要讓同仁驕傲地說：『你們沒有做的、你們不敢想像的事，我們都做到了。』」

「喜瑪拉雅山的基地營是王品集團一個很好的機會點。我們做所有的事情要冒險而不危險。如果我們明知道它的危險成分比例是我們無法控制的，我們就不要做。所以我不會說我們去登聖母峰（Mount Everest），因為它是危險的，但到基地營是冒險的。」

「因為企業文化很重要，你如果讓大家感覺到它只是一種必備的、而不是跟別人不一樣的挑戰，那成就感就不會大。當別人還在為玉山有去沒去掙扎時，我們就要把玉山變成我們的後院，喜瑪拉雅山才是我們真正要去的目標！」

海拔 5,364 公尺的聖母峰基地營，是全球登山者的聖地。每年 3、4 月和 9、10 月，上萬名登山客來此朝聖；無論你懷抱著

什麼樣的心情來到這裡，面對這雄偉壯闊的山勢，敬畏之心油然而生。

2007 年 3 月戴勝益創辦人其實已做了聖母峰基地營攀登的初體驗，當時並沒有王品集團的主管同行，只有夫人劉採卿女士結伴，沒想到情況是十分悽慘的。

「不要跟我講話！」——戴勝益創辦人開玩笑地回憶。

由於高山反應不適，加上禦寒衣物不足，讓戴勝益創辦人全程最想跟太太說的就是這句話。雖然最後順利抵達聖母峰基地營，但由於公司要召開重大會議的緣故，回程則改搭直升機回加德滿都。也許，正是這小小的缺憾，回台後，戴勝益創辦人就開始計劃重返基地營之旅，而且這次要帶公司同仁一起，甚至把攀登聖母峰基地營塑造成公司的年度大事。

在多數老闆眼裡，或許王品集團的許多這類型活動會被視為「不務正業」，但生性開朗、樂觀的戴勝益創辦人一點也不如此認為。

「對一家想永續經營的公司而言，沒有比塑造好企業文化更重要的工作了！」戴勝益創辦人非常肯定地這樣表示。

此外，從 1997 年 10 月 25 日開始，王品集團規定主管級幹部每天步行萬步、要求及鼓勵大家登百岳（各事業部的例行活動），到挑戰聖母峰基地營，戴勝益創辦人都費心地布局、打造著。這些看似玩樂的挑戰背後，其實有很深的管理意涵在。

王品集團同仁透過不斷的自我挑戰，凝聚團隊的共識與革命情感（類似一種：某某某跟我一起去挑戰了聖母峰基地營……）；在職場外，王品集團同仁們的這些一起挑戰的共同體驗，最終會轉化回到工作上，成為共同的語言與回憶，拉近了彼此距離，形成企業文化中重要之情感連結，並進一步凝聚大家一起挑戰更高目標的力量。而王品集團之所以能夠創建出這專屬於王品的組織文化，最主要的原因就是戴勝益創辦人一開始所堅持的「半部論語創王品」的精神。

◉ 儒、法、道家精神

王品集團獨特的企業文化是公司競爭力的根源，而這個根源可以從許多面向來解讀，但最終可歸結於儒、法、道家的精神來貫穿。戴勝益創辦人是這樣詮釋的：

「半部論語創王品……我們幾乎所有的制度規章全部來自《論語》。因為我以前念中文系（台灣大學中文系畢業），所以你看，孔子是登泰山而小天下，我們現在就推行遊百國、登百岳。《論語》也提到『君子務本，本立而道生』[49]，所以我們投資非常多在教育訓練費用，今年如果說做到 100 億台幣，我們今年的教育訓練費用就會是 1 億 9,500 萬，這個費用是一般一個中型餐飲企業的年度營業額，我們光是教育訓練就這麼這麼多。」

戴勝益創辦人還提及：

「孔子說：『子不語：怪、力、亂、神』[50]，所以我們王品集團就沒有『迷信』；孔子又說：『願車馬衣輕裘，與朋友共，敝之而無憾』[51]，所以我們就把分享

制度設計出來，任何一條都可以找到《論語》的對照。」

而在王品集團的企業文化精神裡，另外一個是「法家」。王品集團的規範非常嚴格，包括哪些事是不能做的，如果做了，就是開除、就是大過，沒有任何的鬆動。因為如果不這樣做，就會讓許多人感覺到自己是不是有越界踩線的可能，當每一個人都在那裡拉鋸戰，對公司是一種耗損。戴勝益創辦人特別強調：

「讓他們知道你做這些一定死，那麼大家就不做，就沒人會去做。這樣的話，大家就不用在那裡揣摩對方的心理、揣摩老闆的心理、揣摩上司的心理。這其實是一種浪費，所以我們是一種法家，我們的規定非常的清楚，我們是根據春秋戰國法家來制定這樣一個決策……」

最後，王品集團也可以說是「道家」。戴勝益創辦人認為有很多事情都是讓它自然發生，而不會硬要去做什麼東西，戴勝益創辦人強調：

「許多觀念的形成，我們就慢慢用『民主決策』，慢慢讓大家接受，就這樣有一個共同遵守的價值，用道家的方式，尊重自然，然後它到最後，自會形成，水到渠成，所以我們也是一個道家。」

王品集團透過儒、道、法精神的貫透與一家人主義之落實，在台灣的餐飲企業中展現了獨特的企業文化風格，這為開 10,000 家店的長遠目標，打下良好又扎實的基樁。

王品憲法

- 第一條：任何人均不得接受廠商100元以上的好處。觸犯此天條者，唯一開除。
- 第二條：同仁的親戚禁止進入公司任職。
- 第三條：公司不得與同仁的親戚作買賣交易或業務往來。
- 第四條：舉債金額不得超出資產的30%。
- 第五條：公司與董事長均不得對外作背書或保證。
- 第六條：不作本業以外的經營與投資。
- 第七條：經營成果以每年EPS 10元以上為目標。
- 第八條：奉行「顧客第一、同仁第二、股東第三」之準則。
- 第九條：懲戒時，需依下列四要件，始得判決：一.當事人自白書 二.當事人親臨中常會 三.公開辯論 四.不記名投票

▲王品同仁重要的行為規範——王品憲法

未來挑戰

「我認為王品集團面臨最大的一個挑戰，可能就是自己陷於無知！」

戴勝益創辦人認為以目前餐飲市場來說，王品集團目前的策略跟所有的方法，在華人地區都是標竿企業。若以利潤觀之，戴勝益創辦人認為是非常好的，獲利能力應該在兩岸也是名列前茅的。不過面對未來挑戰，他也直言：

「……如果說我們有一天感覺到自己都很OK的時候，其實這是不OK的時候。古代（孟子）所說的那句話：『入則無法家拂士，出則無敵國外患者，國恆亡。然後知生於憂患而死於安樂也。』[52]」

「所以，如果說我們在沒有這個狀況之下，那麼我們一定要製造一個競爭者，把競爭拉到國外去，譬如說：麥當勞，或是肯德基。我認為這樣會讓我們永遠都有一個動

▲王品的努力，改寫了台灣餐飲業面貌

力。因為跑在最前面的，或者你感覺到極具
優勢的時候，反而會鬆懈。所以，『敵人應
該是在我們內部，而不是在外面』！」戴勝
益創辦人語重心長地說。

　　戴勝益創辦人經過創業初期的困頓與九
次創業失敗的經驗，王品集團自 1993 年一
路走來不易，二十多年來已成為兩岸頂尖餐
飲集團之一。

　　營業額的第一、獲利的第一，都不足以
彰顯王品集團的厲害之處；願景的訂定、品
牌的開創、企業文化的塑造才是王品集團高
明之處。但，面對著台灣食安風暴以及國際
化不如預期順遂的影響下，這幾年王品集團
從營業利益率到股價都有明顯之下滑。

　　「王品集團能在 2030 年達成 10,000 家
店的目標嗎？」

　　當這個問題的答案揭曉時，戴勝益創辦
人已不在其位（已於 2015 年 7 月退休）。
很多同學在課堂上討論這個問題時，如本個

案一開始所述，也沒有很一致的答案。

　　但，在我們專訪的最後，戴勝益創辦人
提到「人生最想完成的一件事」，是讓人感
動與敬佩的，而答案是相當肯定的：

　　「我很希望透過我們的努力，讓兩岸的
餐飲人，都能夠抬頭挺胸，就是讓人家尊
敬，因為不要像過去說做餐飲的，回到故鄉
也不敢講，因為我認為那表示餐飲人不受尊
敬，對不對？我們要做到餐飲讓人家尊敬，
然後你說：我做餐飲，尤其在王品做，讓人
家眼睛一亮，表示你是一個很好的、很優秀
的人。」

　　「我希望未來餐飲人，不管是王品的餐
飲人，還是外面的餐飲人，走出去抬頭挺
胸，那才有意義！」

　　戴勝益創辦人想讓從事餐飲的人抬得起
頭，這一點王品集團已經做到，這是無庸置
疑的。但王品集團這幾年的發展，出乎意料
地出現亂流。戴勝益創辦人在無預警下，卸
下了董事長職位（比原本預計時間早了三年
半），由副董事長陳正輝接手擔任集團的董
事長。其後集團一連串的新策略，包含：

· 成立「食品雲」，建構台灣餐飲業最完善
　的食材履歷資料庫，要求所有王品集團品
　牌所用食材都在食品雲內揭露；
· 調整體質決定大量關店（王品集團成立以
　來，從沒關過這麼多店）；
· 成立開發決策會、營運優化小組；
· 更改行之多年的獅王創業（地方分權），
　以組織創業（中央集權）取代；
· 從主要街邊店（八成），漸轉為商場展
　店……等。

王品集團創業初期在戴勝益創辦人「誠實、群力、創新、滿意」的精神領導下，講求顧客服務，找出產品「客觀化的定位」與發展「差異化的優越性」；在結合用才方面，選出具有領導統馭的能力、對新事業能有策略性的規畫，以及具備高度抗壓性的獅王創業，由獅王領導小獅創建新品牌，讓王品集團奠定非常好的根基。

而陳正輝董事長則以「創新、簡單、效率、實事求是」的堅持，重視品牌的核心價值，從內部擬定品牌使命與願景，加強企業文化與能力，凝聚組織整體創業的力量，從外部的顧客與利害關係人中檢視品牌的價值主張，尋找目前最適合王品發展的品牌定位，領導王品集團在競爭激烈的餐飲市場環境中，能守護企業核心力量，使品牌永續發展。面對 2014 年的食安風暴，陳正輝董事長成立「食品雲」讓食材資訊透明化，調整菜色提升食品安全。在店數增加、營收下滑的窘境中，則是採用調整品牌體質的策略，讓企業的標準化走向品牌個性化。

2019 年王品新任執行長李森斌，接任的第一個任務則是執行「群將計畫」，找回王品的發展初心。此計畫由董事長陳正輝領導指示，冀望讓王品集團有大幅度的組織調整，朝控股公司的模式發展，以找回王品集團從前的競爭力，要把內部每一位同仁都鼓勵成為創業家，鼓勵員工提案，未來員工和公司將能合資，共同創業。

另外，面對快速變遷的國際市場趨勢，品牌的重新定位亦刻不容緩。在 2019 年開出原計畫的新品牌後，李森斌執行長也明確表示，將暫停推出新品牌，全力改造既有品牌，並以「品田牧場」和「西堤」為優先名單（2020 年 8 月李森斌執行長升任為副董事長）。

2020 年初兩岸餐飲局勢因為 COVID-19 的重創，讓王品集團自 2020 年起展開數位轉型、打造「王品瘋美食」App，並於同年 4 月攜手 Uber Eats 開啟 17 個品牌外送服務，一度讓王品外送比例達到營業額的 20%。而王品集團的目標不僅如此，他們預計 2021 年底讓瘋美食 App 會員數翻倍、達 200 萬名，且於 2022 年達 300 萬名以上，並讓「王品瘋美食」App 成為台灣「最大的餐廳會員平台」。

此外，面對 2021 年全球疫情仍然嚴峻的情況，王品集團沒有放慢腳步，反而更持續成長與茁壯，其 2021 年營運方向為「超越顛峰、重返榮耀」。除了持續優化升級既有的品牌與強化自身的競爭力外，更聚焦中餐及鍋物品牌；並規劃在台灣開展新的 40 家店，同時將在兩岸推出至少五個新品牌，力拚達成營收成長 15% 與淨利率達 10% 的目標。根據上述營運目標，2021 年王品集團在台灣成立「肉次方」，在大陸則陸續成立「西川霸牛」、「万利丰和牛涮」和「金鳳來儀」等新品牌。

展望未來，王品集團在以策略為專長的新領導人陳正輝董事長帶領下，不畏全球疫情的挑戰，仍然勇敢面對大環境的考驗，並力求創新。相信王品集團從創業迄今所奠定之扎實企業文化精髓，將是引領著王品集團能繼續大步邁進的最重要滋養元素與基石。

討論問題

・你最常前往消費的王品集團品牌是哪一個？原因為何？

・餐飲業進入國際市場發展不易，王品集團征戰多次皆鎩羽而歸，你認為餐飲業與其他產業是否有關鍵成功因素可循？

・王品集團冀望以頂級特色牛排「THE WANG」成為攻占大陸餐飲市場的新王牌，試問此品牌在大陸及台灣所面臨的挑戰與機會為何？

個案注釋與**參考文獻**

1 Davis, B. G. (2009). *Tools for teaching* (2nd ed.). New York: John Wiley & Sons. (p. 210).

2 McKeachie, W. J. et al., (2006). *Teaching tips: Strategies, research, and theory for college and university teachers* (12th ed.). New York: Houghton Mifflin Company. (pp. 51-52).

3 洛夫：生於 1928 年湖南衡陽，本名莫洛夫，他名野叟，長沙大學中文系畢業，曾任教台灣東海大學中國文學系。1954 年與張默、瘂弦共同創辦《創世紀》詩刊，擔任總編輯多年。主要出版之專著有：《詩魔的蛻變：洛夫詩作評論集》、《洛夫與中國現代詩》、《洛夫評傳》、《一代詩魔洛夫》、《漂泊的奧義》、《洛夫：詩，魔，禪》、《洛夫長詩〈漂木〉十論》、《大河的雄辯：洛夫詩作評論集》等。

4 王永慶：1917～2008 年，台灣新北市新店區人，生於日治時期，出身於窮苦的茶農之家，15 歲自新店公學校畢業後，自己開辦了一家米店，初期為了開發客源，挨家挨戶拜訪推銷，首開送米到府服務。之後又經營過碾米廠、磚瓦廠、木材行、生產 PVC 塑膠粉等等，1954 年籌資創辦台塑公司。為台灣著名的企業家、台塑集團創辦人，被譽為台灣的「經營之神」與「台灣的松下幸之助」。

5 淺碟經濟：是指一個經濟體其內需市場較小，以致於消費、投資較易受外部影響。例如台灣是典型的淺碟經濟，對外貿易依賴度極高，經濟一向深受國際景氣影響，當全球景氣好，台灣經濟就跟著好，而當美、歐景氣趨疲，台灣經濟也易跟著低迷。

6 人才反淘汰：據創辦人戴勝益說法，人才反淘汰指當時王品牛排面臨經營績效下滑，店鋪縮減，致內部發展機會受限，集團內一些有能力且優秀的人才，因為外面有機會發展，最終選擇離開王品；而外面沒有發展機會的人，反而只能選擇留下。

7 Porterhouse Steak：指上等腰肉牛排，取自牛隻的前腰脊部位，與一般所熟知的 T-Bone Steak（丁骨牛排）相似。了解牛排肉取材的部位，不是件簡單的事，一隻牛通常有六十幾種部位可切，而許多部位又有各種不同名稱，更詳細說明可參考：https://blog.icook.tw/posts/68197

8　帕薩納堤（Tan Pasakornnatee）：泰國餐飲業教父，也是泰國著名的電視節目主持人，於 2000 年創立泰國餐飲集團 OISHI，集團願景為領導泰國創意的日本料理和飲料，以提供不同的生活體驗。集團從第一間 OISHI 日本餐廳至 OISHI 拉麵、Shabushi 迴轉壽司與壽喜燒、食品飲料中央工廠，至 MaidoOokini 日本食堂等，營收已達百億泰銖（1 泰銖≒ 1 新台幣），為泰國前三大餐飲集團。2010 年 Mr. Tan 辭去其創辦的 OISHI 集團總裁職務，另創 Mai Tan 企業，以專心跟王品合作。

9　快樂蜂（Jollibee）：快樂蜂是一家菲律賓的跨國企業。主營連鎖速食業，提供有熱狗、漢堡和炸雞等傳統西式速食。2007 年及 2008 年分別收購知名的大陸連鎖餐飲——永和大王（www.yonghe.com.cn）以及宏狀元（www.hongzhuangyuan.com）。據其官網統計至 2019 年 6 月，永和大王在大陸已達到 323 家、宏狀元有 45 家，旗下餐飲品牌在海內外共擁有 4,613 家間門店，品牌版圖涵蓋美國、加拿大、新加坡、香港、汶萊、越南等國家。

10　Know-how：也稱為技能知識，是指做某事的技術和能力。一般企業講的 Know-how 指的是企業為了應付產業環境變化所創造的一套獨特方式，如製造方法或服務流程，為企業領先其他同業的關鍵因素，可為公司創造獨特價值。

11　海底撈：成立於 1994 年，是一家以經營川味火鍋為主、融匯各地火鍋特色為一體的餐飲品牌，全名是四川海底撈餐飲有限股份公司。目前在北京、上海、鄭州、西安、簡陽等城市，以及在台灣、韓國、日本、新加坡、美國等都有門店。這家企業最具特色的地方則是來自創辦人張勇的管理理念，完全從人性出發，即所謂的人性管理。讓員工都把海底撈視為家，這也是因緣際會所造成，因為海底撈大都是鄉下來的農民工，公司會租好的公寓，請宿舍長照顧大家生活起居；定時員工家訪，給幹部父母津貼；鼓勵夫妻家人一起在海底撈工作，夫婦還可分配夫妻房，安定工作情緒；病痛與急難時，主管都會盡力照顧與陪同醫療。純樸的農民工，在都市受到良好的照顧，不但家人放心，更在鄉里間增添幾分榮耀感，造就了員工感恩之心。有了幸福感，凡事都會為公司著想，一心想讓公司好，就像自家經營的事業一般，成了該公司的 DNA。該公司的卓越服務及企業文化，引起北京光華管理學院黃鐵鷹教授的關注，寫成海底撈案例在《哈佛商業評論》上發表，後又再撰寫成暢銷專書《海底撈　你學不會》，於 2010 年出版。

12　小肥羊：1999 年由張鋼及陳洪凱在內蒙古創辦，全名是內蒙古小肥羊餐飲連鎖有限公司，是中國最大的涮羊肉連鎖店企業。2008 年 6 月 12 日在香港上市，是中國首家在香港上市的餐飲企業，被譽為中華火鍋第一股。2011 年 11 月 7 日，中國商務部批准百勝集團（旗下擁有肯德雞與必勝客等品牌）收購小肥羊集團有限公司。截止至 2021 年 3 月，小肥羊在包含大陸及全球的 130 多座城市，涵蓋日本、新加坡、加拿大、印尼、柬埔寨、緬甸、蒙古等，擁有超過 300 家門店。

13 莆田集團（PUTIEN Restaurant Pte Ltd.）：爲新加坡中餐餐飲集團。莆田餐館取名自中國福建省優美的沿海城市——莆田市，其背山面海、土地肥沃、海產豐富的環境賦予一種得天獨厚氣質（清淡純樸、濃郁鄉間風味並融合民族文化特色）。自開店起獲獎無數，2015 年成爲新加坡 50 家最受歡迎亞洲餐館（Singapore's Top 50 Favorite Asian Restaurants）、新加坡頂尖中餐品牌。2016 年莆田獲得新加坡米其林一星餐廳殊榮，同年則首度進駐台灣，截至 2021 年 3 月，已於台灣開設五家分店。

14 熊貓速食集團（Panda Restaurant Group）：1973 年由程正昌先生所創立，總部設立在洛杉磯，是美國最大的中餐企業，名列全美餐飲企業的第 80 名，無論是品牌經營、市場開發、商圈調查、物業管理，乃至法律事務，都已累積豐富的專業經驗，因此許多全球知名餐飲集團欲進軍美國市場前，往往都希望與熊貓速食結盟合作。該集團旗下有相當多品牌，如：PandaInn、HibachiSan；其中最大的中餐連鎖品牌——熊貓快餐（Panda Express），於 1983 年成立，是全美最受歡迎的中餐館之一，至 2021 年 3 月已在全球擁有 2,323 家門店。熊貓速食是全美最大的家族企業中餐廳，擁有 27,000 名雇員，年銷售額超過 20 億美元。

15 呷哺呷哺：在香港上市的呷哺呷哺集團，董事長爲來自桃園的台商賀光啓，1998 年在北京引進當時台灣流行的小火鍋，在中國各處展店，並於 2014 年在香港上市。呷哺呷哺發展至今，在全中國餐廳數量超過 1,000 間，呷哺呷哺集團 2019 年店舖營收爲 60.3 億人民幣。除了台式個人鍋外，還有高級火鍋品牌「湊湊」，在北京、上海、杭州及深圳有 107 間分店。

16 黃冠穎（2017）。王品止血石二鍋撤陸。**經濟日報**。取自：https://money.udn.com/money/story/5710/2780894

17 姚舜（2017）。GUN8 辣椒更名蜀三味再出擊。**工商時報**。取自：http://www.chinatimes.com/newspapers/20170417000092-260204

18 中小企業天險：以餐飲業爲例，全台灣登記有案的餐廳超過 10 萬家以上，99% 的營業額都在 1 億元以下，超過 1 億元的不到 300 家，僅占千分之二點多；營業額能突破 10 億元的（稱之爲「天險」門檻），不超過 50 家。資料參考自王國雄（2010）。**敢拚・能賺・愛玩：王品，從細節中發現天使**。台北市：遠流。

19 嚴重特殊傳染性肺炎 （COVID-19）：2019 年 12 月起，中國湖北省武漢市展開呼吸道疾病及相關疾病監測，發現不明原因病毒性肺炎病例。至 2020 年 1 月 9 日中國官方公布其病原體爲新型冠狀病毒。隨後，此疫情便迅速在中國其他省市與世界各地擴散，並證實此病毒有效人傳人。而世界衛生組織（World Health Organization, WHO）於 2020 年 1 月 30 日公布此爲一公共衛生緊急事件（Public Health Emergency of International Concern, PHEIC），2 月 11 日將此新型冠狀病毒所造成的疾病稱爲 COVID-19（Coronavirus Disease-2019）。

20 營業毛利率（Gross Profit Margin）：營業收入扣除營業成本後的餘額，營業毛利率就是營業毛利率占收入的比例，又稱銷貨毛利率。營業毛利率越高，代表公司產品有競爭力或是成本控制很好。

21 純益率（Net Profit Margin）：即本年度公司所有賺的錢，包括經營本業的損益及非經營本業的損益，指公司的稅後淨利占所有營業收入的比率。從純益率分析可得知公司做一塊錢生意，可以淨賺多少錢，又稱為淨利率。純益率越高表示公司賺錢能力越強。

22 公開資訊觀測站（2020）。**王品財務報表**。取自 http://mops.twse.com.tw/mops/web/index

23 股東權益報酬率（Return on Equity, ROE）：在某一段時間內（通常時間約為一年），公司利用股東權益為股東所創造的利潤，也就是股東投資每一塊錢，可以回收多少利潤，通常以百分比方式表示。股東權益報酬率越高，表示公司回饋給股東的越多。由一家公司的股東權益報酬率之高低，投資人可以判別該公司的經營表現與績效。

24 負債占資產比率（Debt Ratio）：又稱負債比率，是公司借款占總資產的比率。負債比率高，表示企業資金大部分由債權人提供，對債權人的保障較低；但負債比率若太低，則公司又失去舉債投資所創造的獲利，所以在企業經營上，適當舉債是必要且合理的，同時也對股東有利。

25 流動比率（Current Ratio）：指每一塊錢流動負債有多少流動資產可供償還，用來衡量公司以流動資產支付短期債務的能力。一般來說，流動比率應在 200% 以上才符合標準；流動比率過低，公司可能會發生週轉不靈，但流動比率過高，公司可能有閒置資金的情況。一般而言，都以同業平均的流動比率作為標準。

26 速動比率（Acid-test Ratio）：又稱為酸性測驗比率，是指每一塊錢流動負債有多少速動資產可供償還，用來測試企業緊急償還短期負債能力。速動資產包括：現金、股票、銀行存款、應收票據及帳款淨額。與流動資產不同的是，速動資產不包含存貨及預付款項，因為存貨變現的時間比較長，而且存貨可能出現跌價損失，所以不列入速動資產；至於預付款項因為不能出售，變現性差，也不列入速動資產。速動比率較流動比率更有參考價值，因為速動資產是流動資產扣除存貨及預付費用後，企業可立即變現的資產，相較之下，速動比率是比流動比率更嚴格的財務流動性指標。一般而言，應在 100% 以上才算標準。

27 存貨週轉率（Inventory Turnover Ratio）：指全年營業成本相對於庫存存貨的比率，也就是庫存存貨會產生多少倍的銷售成本，例如：公司的存貨週轉率為 12，表示帳上的每 1 元存貨，平均會產生 12 元的營業成本。

28 平均銷貨日數（Average Inventory Turnover Days）：指在一年中平均多少天會產生一次存貨週轉率，例如：存貨週轉天數爲 30 天，表示一年中平均每 30 天產生一次存貨週轉。存貨週轉率代表了庫存商品在營業期間的週轉次數，或是存貨一年的平均銷貨次數，存貨週轉率越高，表示存貨銷售出去的速度越快，則存貨損壞、過期的可能性就越低，週轉天數也就越短。而週轉天數短表示存貨的流動性及變現性也就越大。透過存貨週轉率／週轉天數，可觀察公司銷售商品的能力與經營績效。

29 應收帳款週轉率（Account Receivable Turnover Ratio）：應收帳款是指已經出售產品或原物料給客戶，但對方尚未付清的貨款。應收帳款週轉率是銷貨收入淨額相對於應收帳款的比率，也就是應收帳款會產生多少倍的銷貨收入，例如：公司的應收帳款週轉率爲三次，表示每 1 元應收帳款平均會產生 3 元的銷貨收入。

30 平均收現日數（Average Collection Days）：指一年中平均多少天會產生一次應收帳款週轉率，例如：應收帳款週轉天數爲 30 天，表示一年中平均每 30 天產生一次應收帳款週轉率。透過應收週轉率／週轉天數，可以觀察公司的收帳效率。應收帳款週轉率高，收款天數就短，表示公司的經營績效良好，較能有效運用資產；也代表銷貨能很快爲公司帶來現金，應收帳款的變現性就越大。

31 總資產週轉率（Total Asset Turnover Ratio）：每投資 1 元的資產能產生多少銷貨收入，用來評估資產創造銷售的能力，也用來衡量企業是否有充分運用資產。總資產週轉率越高，表示資產的使用效率越高，亦即生產力越強。反之，週轉率越小，表示資產沒有產生相對的效率。

32 現金流量比率（Cash Flow Ratio）：現金流量表是公司四大財務報表之一，係提供公司在特定期間之營業、投資及理財的現金收支資訊。現金流量比率＝營業活動淨現金流量／流動負債。現金是所有流動資產中流動性最高之科目，此比率是用於分析公司以現金來償還流動負債之能力高低，且此比率與流動比率或速動比率不同之處在於，其係以公司整年度的營業活動現金流量狀況來衡量，而非以某一時間點之靜態金額來衡量。

33 現金流量允當比率（Cash Flow Adequacy Ratio）：現金流量允當比率是用來分析公司以營業所產生之現金，作爲公司投入資本支出、存貨與發放股利是否足夠。其計算方式爲：現金流量允當比率＝最近 5 年度營業活動淨現金流量／最近 5 年度（資本支出＋存貨增加額＋現金股利）。

34 現金再投資比率（Cash Re-investment Ratio）：現金再投資比率係分析公司爲支應資產重置及經營成長之需要，而將來自營業之資金，再投資於資產之比率，通常此比率以 8%～10% 爲佳。其計算方式爲：現金再投資比率＝（營業活動淨現金流量－現金股利）／（固定資產毛額＋長期投資＋其他資產＋營運資金）。

35 年複合成長率（Compound Annual Growth Rate, CAGR）：可衡量投資期間（例如 5 年或 10 年）的投資收益率，例如共同基金或債券。可衡量是指一項投資在特定時期內的年度增長率。應用於反映投資平均回報上，其優點為衡量不同投資組合表現時實用性高，可客觀評估投資效益，是廣為分析報告使用之指標。其衡量對象多於歷史資訊，在預測未來狀況上較不穩定。使用此分析數據時，必須注意資訊時間的拿捏，以避免得到與事實不符之結果。

36 P&G（Procter & Gamble）：寶鹼公司，是一家美國消費日用品生產商，也是目前全球最大的日用品公司之一。目前在台生產一系列女性用品（SK-II、好自在等）、嬰兒用品（幫寶適等），以及洗髮洗劑產品（海倫仙度絲、飛柔、潘婷及沙宣等）。

37 CP 值（Cost-Performance Ratio，性能與價格比）：簡稱性價比。在經濟學和工程學上，性價比指的是一個產品根據其價格所能提供的性能之能力。在不考慮其他因素下，一般來說，有著更高性價比的產品是更值得擁有的。

38 曾如瑩、黃玉禎（2011 年 12 月）。竹科新貴再見 餐飲新貴報到！。**商業周刊，1257，**138-140。

39 價格空窗帶：指品牌發展從價格切入的兩個策略考量，一個是縱向，一個是橫向。橫向是指相近之價位，發展不同的品牌，譬如說，類似價位的王品（Wang Steak）、夏慕尼、THE WANG，這三個品牌的價位都是接近的，但是，它的品類是不一樣的，產品是不一樣的，而目標客群相當接近。縱向則指同一品類可以分不同價位來推出不同品牌，譬如說西餐，高價位有王品，中間價位則有西堤，因為都是西餐、牛排這一領域。王品集團對此市場有相當程度把握，所以既可以做高端市場，也可以做中端市場。

40 王品集團中常會：為當時戴勝益董事長模仿政黨（國民黨）成立的集團中常會，每週五上午九點半在台中王品總部召開，參與人員有戴勝益、各品牌的負責人，以及總公司的高階主管（約 25 至 30 人）。王品集團所有經營決策都透過王品中常會的討論，採取不記名投票方式做出團體決策，取得中常會三分之二的同意才能成為決議。戴勝益董事長形容這是「民主共治」的方式，他的提案也必須獲得中常會同意，才能實施。不過，戴勝益董事長保留 5% 的否決權，也就是 100 個案子中，不管表決結果，他有五次否決權推翻中常會決定。曾經中常會有個提案是關於女性員工可以請生理假但不需要開醫生證明（依台灣政府規定，必須要有醫生證明，女性員工才能請生理假，不影響全勤獎金），中常會兩次表決都沒有通過，但戴勝益董事長最後決定動用否決權，取消生理假證明，所有王品集團女性員工自此只要打電話進公司請生理假，直接就准假。

41 陳芳毓（主編）（2012）。品牌行銷 4 堂課：價格、產品、顧客三位一體，品牌定位就會浮現。**經理人特刊：王品學**，15，49。台北市：巨思文化。

42 楊秀慧（2012）。**台商營運總部設計與總管理處角色之分析：以王品集團為例**。國立中興大學高階經理人班碩士論文，未出版，台中市。

43 亞都麗緻大飯店（The Ladies Taipei）：為台灣五星級飯店之一，於 1979 年開幕，秉持「體貼入心，更勝於家」的服務，從細微處落實體貼，真正尊重每位客人，成為台灣飯店專業、誠意與高品質服務的典範，並於 1983 年名列「世界傑出旅館系統」會員。而這經營的關鍵靈魂人物則是素有「台灣觀光教父」之稱的嚴長壽總裁。只有基隆高中畢業的他，在 23 歲那年，經朋友介紹進入美國運通擔任傳達小弟，從此對服務業的觀感有了自身的體會。28 歲因服務態度出眾，內升為美國運通台灣區總經理，32 歲應美國運通辦公室房東周志榮先生之邀跨入飯店觀光業，成為亞都麗緻大飯店總裁。也因嚴總裁一貫的熱忱及認真努力經營，建立了良好營運基礎，並順利使麗緻飯店集團化。

44 品牌授權：又稱品牌許可，是指授權者（版權商或代理商）將自己所擁有或代理的商標或品牌等，以合同的形式授予被授權者使用；被授權者按合同規定，從事經營活動（通常是生產、銷售某種產品或者提供某種服務），並向授權者支付相應的費用權利金；同時授權者給予被授權者人員培訓、組織設計、經營管理等方面的指導與協助。

45 《王品憲法》（The Constitution）：共九條。
第一條：任何人均不得接受廠商 100 元以上的好處。觸犯此天條者，唯一開除。
第二條：同仁的親戚禁止進入公司任職。
第三條：公司不得與同仁的親戚作買賣交易或業務往來。
第四條：舉債金額不得超出資產的 30%。
第五條：公司與董事長均不得對外作背書或保證。
第六條：不作本業以外的經營與投資。
第七條：經營成果以每年 EPS 10 元以上為目標。
第八條：奉行「顧客第一，同仁第二，股東第三」之準則。
第九條：懲戒時，需依下列四要件，始得判決：一、當事人自白書。二、當事人親臨中常會。三、公開辯論。四、不記名投票。

46 《龜毛家族》：共 28 條。
(1) 遲到者，每分鐘罰 100 元。
(2) 公司沒有交際費。（特殊狀況需事先呈報）
(3) 上司不聽耳語，讓耳語文化在公司絕跡。
(4) 被公司挖角禮聘來的高階同仁（六職等以上），禁止再向其原任公司挖角。

(5) 王品人應完成「3 個 30」。（一生登 30 座百岳、一生遊 30 個國家、一年吃 30 家餐廳）。

(6) 高階同仁「擴大視野」目標：每年在世界各地完成 100 家餐廳的用餐經驗。

(7) 中常會和二代菁英，每天需步行 10,000 步。

(8) 迷信六不：不放生、不印善書、不問神明、不算命、不看座向方位、不擇日。

(9) 少燒金紙：每次拜拜金紙費用不超過 100 元。

(10) 對外演講每人每月總共不得超出二場。

(11) 演講或座談會等酬勞，當場捐給兒童福利聯盟文教基金會。

(12) 公務利得之紀念品或禮品，一律歸公，不得私用。

(13) 可以參加社團，但不得當社團負責人。

(14) 過年時，不需向上司拜年。

(15) 上司不得接受下屬為其所辦的慶生活動（上司可以接受的慶生禮是一張卡片、一通電話或當面道賀）。

(16) 上司不得接受下屬財物、禮品之贈予（上司結婚時，下屬送的禮金或禮品不得超出 1,000 元）。

(17) 上司不得向下屬借貸或邀會。

(18) 任何人皆不得為政治候選人。

(19) 上司禁止向下屬推銷某一特定候選人。

(20) 選舉時，董事長不得去投票。

(21) 購車總價不超出 150 萬元。

(22) 不崇尚名貴品牌。

(23) 不使用仿冒品。

(24) 辦公室夠用就好，不求豪華派頭。

(25) 禁止作股票，若要投資是可以的，但買進與賣出的時間，需在一年以上。

(26) 個人儘量避免與公司往來的廠商作私人交易。

(27) 除非是非常優秀的人才，否則勿推薦給你的下屬任用。

(28) 除非是非常傑出的廠商，否則勿推薦給你的下屬採用。

47　引述自王國雄（2010）。**敢拚‧能賺‧愛玩：王品，從細節中發現天使**。台北市：遠流，17。

48　喜瑪拉雅山的聖母峰基地營（Everest Base Camp, EBC）：常走的路線有兩條，一是由西藏，這條路線車子可到達，二是由尼泊爾，從加德滿都搭 16 人小飛機到盧卡拉（Lukla），再健行前往，從海拔 2,840 公尺一路爬升到基地營 5,364 公尺，全程約 54 公里，來回約 14 天。

49 君子務本，本立而道生：出自於《論語・學而第一》；意指一個關懷世道人心的君子，必定很專注很用心於根本的事情，根本建立好了，人道自然因此產生。

50 子不語：怪、力、亂、神：出自於《論語・述而第七》；意指孔子平日不說怪異、好勇鬥狠、違法亂紀、鬼神迷信等四件事。

51 願車馬衣輕裘，與朋友共，敝之而無憾：出自於《論語・公冶長第五》；意指顏淵、子路侍立在老師身邊，孔子說：「你們何不說說自己的志向？」子路說：「我願意把自己的車、馬、衣、裘（皮衣）與朋友共同享用，就是用壞了，也不會怨恨、遺憾。」

52 入則無法家拂士，出則無敵國外患者，國恆亡。然後知生於憂患而死於安樂也：出自於《孟子・告子篇下》；意指孟子從國家興衰的歷史經驗指出，國家如果沒有堅守法度的臣子以及敢於直諫的賢士、沒有敵國與外來的禍患，這個國家就易滅亡。亦即，孟子強調憂患自覺的重要性，以為人若能有此自覺，雖身處安樂，也能警惕而不失，或身處窮窘，也能奮發而不困。

NOTE

NOTE

「為什麼要做這一件事？」

它是漫長的付出與堅持，從 2010 年到 2017 年

只是，十家頂尖企業個案撰寫，卻一直看不到那個終點……

夢想，就是這麼一回事，No pains, no gains!

我們專訪兩岸超過 32 位企業創辦人、董事長、CEO、高階主管

為了更深入，超過 28 位中階主管、基層員工也被我們叨擾了一番

7 年來，每週的個案會議，用盡 20 多位參與夥伴的腦力、體力、洪荒之力

這件事呢，一輩子做一次就好！

而，「為什麼要做這一件事？」

因為我們的學生，需要更深度地向觀光餐旅企業學習

因為我們的企業，需要有更深入的標竿學習對象

終點，終於在眼前

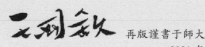

謝謝香妃、玟妤、瑞倫、怡嘉、玫慧、振昌、佑邦、

立婷、亭婷、耀中、佩俞、宛磬、曉曼、宣麟、悉珍、

思穎、重嘉、敏婕、岱雯、晏瑄、瑞珍、家瑀、陳琦、同氏海、

雅莉、侑蓉、宜軒、芷穎一路相助

更要特別感謝這十家台灣原生的頂尖觀光餐旅企業

沒有您們的首肯及持續鼎力協助，也很難做下去

如此精采，我們衷心感謝：（按完成順序）

好樣、易遊網、薰衣草森林、王品集團、晶華國際酒店集團

老爺酒店集團、欣葉國際餐飲集團、雄獅集團、飛牛牧場、中華航空公司

王國欽 再版謹書于師大
2021 年

兩岸頂尖企業專訪與個案研究 75024

王品集團的故事【第二版】

作者：王國欽、駱香妃、陳玟妤、陳瑞倫

執行編輯：陳文玲／總編輯：林敬堯／發行人：洪有義

出版者：心理出版社股份有限公司／地址：231026 新北市新店區光明街 288 號 7 樓

電話：(02) 29150566 ／傳真：(02) 29152928

網址：https://www.psy.com.tw ／電子信箱：psychoco@ms15.hinet.net

郵撥帳號：19293172 心理出版社股份有限公司

排版者：菩薩蠻數位文化有限公司／印刷者：辰皓國際出版製作有限公司

初版一刷：2017 年 12 月／二版一刷：2021 年 6 月

ISBN：978-986-0744-14-9 ／定價：新台幣 150 元

ISBN 978-986-0744-14-9
00150
9 789860 744149